SCHOOL OF FINANCE

理财学院

银行理财产品一本通

刘柯／编著

中国铁道出版社有限公司

CHINA RAILWAY PUBLISHING HOUSE CO., LTD.

内 容 简 介

本书采用理论＋实际案例相结合的方式为投资者介绍了多种银行理财产品，并详细分析了这些理财产品的投资方案与技巧。

本书共 11 章，主要内容有银行储蓄、银行理财准备工作、银行中不同风险等级的理财产品、不同银行不同种类的产品、保险及银行理财产品的基本面分析以及各种网上银行的理财方式。

本书语言精练，通俗易懂，结合生动而实用的案例向投资者介绍了多种不同银行的理财产品，让投资者能通过学习找到适合自己的理财产品。本书适合刚开始接触银行理财产品和想要深入了解这些理财产品的读者，同时也适合年轻白领进行投资学习。

图书在版编目（CIP）数据

银行理财产品一本通/刘柯编著. —北京：中国铁道
出版社，2017.10（2022.1重印）
（理财学院）
ISBN 978-7-113-23141-5

Ⅰ.①银… Ⅱ.①刘… Ⅲ.①银行-金融产品-基本
知识 Ⅳ.①F830.9

中国版本图书馆CIP数据核字（2017）第114663号

书　　　名：理财学院：银行理财产品一本通
作　　　者：刘　柯

责任编辑：张亚慧　　编辑部电话：（010）51873035　　邮箱：lampard@vip.163.com
封面设计：MXK DESIGN STUDIO
责任印制：赵星辰

出版发行：中国铁道出版社有限公司（100054，北京市西城区右安门西街 8 号）
印　　刷：佳兴达印刷（天津）有限公司
版　　次：2017 年 10 月第 1 版　2022 年 1 月第 2 次印刷
开　　本：700 mm×1 000 mm　1/16　印张：16.5　字数：238 千
书　　号：ISBN 978-7-113-23141-5
定　　价：45.00 元

前 言

P R E F A C E

———————

工资涨了，生活好了，手中的钱也多了，那该怎么为这些钱保值呢？怎样用这些钱达到赚钱目的呢？市场上的理财产品琳琅满目，投资者根据自身喜好和风险偏好等可以有很多投资选择。

而很多人觉得银行储蓄的收益太低，要想取得较高的收益，等待的时间会很长，因此很多投资者苦恼于不能在短时间内获得较高收益。这时，银行理财产品进入了人们的视线，它不仅收益率高于储蓄，而且一般取得收益的时间比储蓄短，可同时满足投资者对资金的增值和流动性需求。

但是，银行理财产品性质较稳定，所以投资收益率并不会像股票一样特别高。即便如此，银行理财产品也有获得高收益的办法，真正满足投资者对赚钱、用钱和资金保值等多方面的需求。

为了帮助投资者更好地运用银行理财产品，在这一理财方式上理出"财路"，编者特编写本书。本书为投资者介绍了银行理财的基础知识，也为投资者介绍了不同银行、不同风险等级的理财产品，更从各种投资渠道出发介绍了各种投资理财工具，向投资者提供了多种产品的选择参考。

本书包括 11 章内容，具体章节的内容如下所示。

◎ 第一部分：第 1 ～ 3 章

　　本部分主要介绍了银行理财的基础知识、不同阶段和不同类型人群的理财特点、理财准备工作、读懂一款理财产品需要掌握的知识以及银行理财产品的不同投资渠道，帮助投资者打好理财的基础。

◎ 第二部分：第 4 ～ 5 章

　　本部分主要讲解了不同风险等级的银行理财产品和债券、基金、黄金、外汇及期货等不同投资渠道的产品，让投资者掌握从银行购买这些产品的流程和方法，帮助投资者省去很多繁杂的环节。

◎ 第三部分：第 6 ～ 9 章

　　本部分主要介绍了不同期限、不同银行和不同品种的银行理财产品，同时还介绍了保险这一特殊的理财工具，给投资者提供多个方面的产品选择，避免投资者对银行理财产品认识不全面。

◎ 第四部分：第 10 ～ 11 章

　　本部分主要为投资者讲解了银行理财产品的基本面分析和网上银行理财方面的知识，帮助投资者掌握了解产品的途径和方法，让投资者能更好地选择适合的理财产品。同时，也帮助投资者开拓理财渠道，赶上时代的潮流，学会网上理财。

　　本书语言精练，采用理论与实际案例相结合的方式，帮助读者更好地掌握银行理财技巧。文中恰当地使用了一些小栏目，不仅丰富了银行理财产品的相关知识，还避免了读者在阅读时产生枯燥情绪，为本书增添了趣味性。本书的读者群定位在刚接触和打算更深入地了解银行理财产品的人群。同时也适合白领人群及想要通过银行理财让资产增值的人。

　　最后，希望所有读者能够从本书中获益，在实际的理财中获得利润。由于编者能力有限，对于本书内容不完善的地方希望读者指正。

编 者

2017 年 7 月

目 录

C O N T E N T S

01
.PART.

银行常识，普通人要这样玩转银行

投资理财是一件严肃的事，稍不注意就会面临巨大风险，因此必要的谨慎分析是不可少的。所谓"玩转"理财其实是指要有一个轻松的投资心态以及灵活的投资技巧，要达到这样的目标，就需要对投资理财基础层面的知识有一个全面的了解和掌握，正所谓熟才能生巧。

02 .PART. 财富管理，理财是资金资源管理

在公司里，对员工的管理叫作"人力资源管理"。同理，投资者的理财活动则可以称为"资金资源管理"。人力资源管理可以帮助公司管理好人事方面的结构体系，而理财也能帮助投资者管理好资金结构体系，从而让投资者更充分地利用手中的资金，使资金发挥更大的作用。

03 .PART.　银行理财产品，人人都能上手的理财工具

银行理财产品之所以称为人人都能上手的理财工具，主要是因为银行理财产品可以直接在银行官网上购买，程序简单，操作方便。而且不需要投资者掌握很专业的投资技巧，只要搞清楚产品存在的风险和收益情况，然后对比自身对理财收益的需求和风险的承受能力，即可选择适合自己的产品。

04
.PART.

稳健理财，让银行成为会生钱的荷包

经济市场中，大部分人虽然都已经很了解银行这一理财机构，但是对银行的理财产品却并不熟悉。而且投资者都已经意识到，单纯地存钱并不能带来可观的利息收益。因此，投资者需要了解更多的银行理财产品，让"死"钱"活"起来，把银行变成会生钱的荷包。

05
.PART.

高端理财，在银行中玩转财富

银行理财产品并不只有前面提到过的低风险理财产品，还有一些高风险高收益的理财产品，如黄金、外汇和期货等。这些产品可以满足追求高收益的投资者的需求，让这些投资者在

高收益中"乐开怀"。当然，投资者在享受高收益的同时，也
需要承担较高风险。

06 .PART. 期限多样，不同期限的银行理财产品

银行中的理财产品，除了按债券、基金和外汇等投资工具来分类外，还可以根据产品期限的不同分成短期理财产品、中期理财产品及中长期理财产品。不同期限的理财产品有不同的投资方法和策略，本章将从产品的期限着手进行介绍。

07 .PART. 银行选择，各大主流银行的理财产品

投资者在选择银行的理财产品时，对主流银行的信任度比较高，认为资金更安全，而事实也确实如此。主流银行中不仅

有前面提到过的工商银行和建设银行，还有中国银行、农业银行和交通银行，它们被称为"中国的五大行"。本章将继续介绍中国银行、农业银行和交通银行的理财产品。

08
.PART.

品种选择，银行理财产品种类多

银行的理财产品，除了可以按风险等级和投资对象来划分种类外，还可以按照理财产品的本质特征划分。本章就来了解银行理财产品中的结构性存款、高端的代客理财、超短期产品、"宝宝"类理财品种、实物型投资产品及其他创意理财新花样。

09
.PART.

保障与理财，在银行里玩转理财保险

众所周知，银行不仅为客户办理相关的银行理财业务和产品的买卖手续，还会向投资者销售保险。银行中的保险与保险公司的保险相比，其理财功能更显著，保障功能退居"依附"理财功能的地位。那么，投资者如何才能更好地"驾驭"银行中的保险产品呢？

10 .PART. 基本面分析，掌握银行理财产品大趋势

银行理财产品一般都有募集期，几乎所有产品在募集期内都不计算收益。有些系列产品还会不定期发售各期产品，每期产品的投资收益也可能不同。因此，投资者选对购买时机才有利于盈利，从而达到理想收益。本章将详细讲解基本面分析和利用基本面分析掌握购买银行理财产品的时机。

11 .PART.

轻松操作，用网上银行、手机银行理财

在当前这个移动互联网时代，投资者的理财手段越来越先进，银行的理财产品也可以通过网上银行或手机银行购买，方便且快捷，尤其是用手机理财，能更安全地实现随时随地理财。本章将讲解一些在网上银行和手机银行上理财的具体操作，让投资者快速学会利用互联网便捷理财的方法。

·01·

. PART .

正确认识
银行

简单的银
行储蓄

巧用信用
卡理财

银行理财
与生活

银行常识，普通人要这样玩转银行

投资理财是一件严肃的事，稍不注意就会面临巨大风险，因此必要的谨慎分析是不可少的。所谓"玩转"理财其实是指要有一个轻松的投资心态以及灵活的投资技巧，要达到这样的目标，就需要对投资理财基础层面的知识有一个全面的了解和掌握，正所谓熟才能生巧。

1.1 正确认识银行

> 许多人对银行的认识可能还停留在存钱和取现的阶段，实际上银行经过几百年的发展，现在已经形成非常成熟且完善的金融服务体系。在我们开始到银行办理各类业务前，首先来正确认识银行。

1. 认识银行

世界上最早的银行是 1407 年在意大利威尼斯成立的银行，银行的英文为"Bank"，其意思为存放东西的柜子，而早期的银行家也被称为"坐长板凳的人"。从银行的业务上来说，其发展主要经历了如下所示的三个阶段。

◆ **第一阶段**：银行出现了货币兑换业务和兑换商。

◆ **第二阶段**：银行增加了货币保管和收付业务。

◆ **第三阶段**：银行提供货币保管、收付、结算和放贷等业务。

所谓的银行，是指依据相关法律成立的经营货币信贷业务的金融机构。银行按类型分为中央银行、商业银行、投资银行、政策性银行和世界银行，它们的职责各不相同。

（1）中央银行。严格来说，中央银行并不是银行，而是政府机构，是执行货币政策、对国民经济进行宏观调控以及对金融机构乃至金融业进行监督管理的特殊金融机构。我国的中央银行是中国人民银行，如图 1-1 所示的是位于北京的中国人民银行总部。

图 1-1　中国人民银行北京总部

（2）商业银行。商业银行是普通老百姓日常所能接触到的银行，如中国工商银行股份有限公司（以下简称工商银行）、中国农业银行股份有限公司（以下简称农业银行）、中国建设银行股份有限公司（以下简称建设银行）、中国银行股份有限公司（以下简称中国银行）、交通银行股份有限公司（以下简称交通银行）、招商银行和上海浦东发展银行股价有限公司（以下简称浦发银行）等。商业银行的发展速度很快，商业银行涉及的金融服务越来越多，覆盖的范围也越来越广。从最初的存取业务到如今的各种理财产品的销售。

（3）投资银行。一般来说，投资银行是指从事证券发行、承销、交易、企业重组、兼并与收购、投资分析、风险投资和项目融资等业务的非银行金融机构，如高盛集团、摩根士丹利及法国兴业银行等。

（4）政策性银行。这种类型的银行是不以营利为目的，直接或间接地从事政策性融资活动，充当政府发展经济、促进社会进步和进行宏观经济管理工具的金融机构。在我国，有中国进出口银行、中国农业发展银行和国家开发银行。

（5）世界银行。这类银行主要是指帮助国家克服穷困的相关机构，各机构在减轻贫困和提高生活水平的使命中发挥独特的作用。

另外，银行监管机构是监督和管理商业银行运营的机构，如中国银行业监督管理委员会，（以下简称银监会）。根据国务院授权，银监会统一监督管理银行、金融资产管理公司、信托投资公司及其他存款类金融机构，维护银行业的合法、稳健运行。

2．银行为我们提供哪些服务

如今，银行已经成为我们生活中必不可少的一部分，然而很多人并不完全了解银行能为我们提供哪些服务。从一个国家的整体经济运行来说，商业银行主要有 5 个职能如表 1-1 所示。

表 1-1　商业银行的 5 个职能

职能	具体含义
调节经济	商业银行通过其信用中介活动，调剂社会各部门的资金短缺，同时在央行货币政策和其他国家宏观政策的指引下，实现经济结构、消费比例投资和产业结构等方面的调整
信用创造	商业银行是能够吸收各种存款的银行，通过信用的增加来实现资金的增加，最后在整个银行体系形成数倍于原始存款的派生存款
信用中介	这是商业银行最基本、最能反映其经营活动特征的职能，主要通过银行的存款业务，把社会上的各种闲散货币集中到银行里来，再通过贷款业务把这些资金投向社会经济各部门，服务于社会
支付中介	商业银行也是一个支付中介，如代理客户支付和转账等
其他金融服务	商业银行正在开发越来越多的银行职能，如金融财富管理、代发工资和网购付款等

以上 5 点为商业银行在国家经济运行中的职能，而从个人金融业务来看，商业银行还会为投资者提供如下服务。

◆ **存贷业务**：分为存款业务和贷款业务。存款是指存款人（投资者）基于对银行的信任而将资金存入银行，并可以随时或按约定时间支取款项的一种信用行为；贷款是指银行按一定利率和必须归还等条件出借货币资金的一种信用活动行为，银行通过贷款的方式将所集中的货币或货币资金投放到经济市场中，可以满足社会扩大再生产时对补充资金的需要，这也是银行获得收益的主要途径。

◆ **理财业务**：银行理财师通过收集整理客户（投资者）的收入、资产和负债等数据，倾听客户的建议、要求和理财目标等，为客户制订投资组合、储蓄计划、保险投资对策、继承及经营策略等财务设计方案，并帮助客户实现资金最大限度的增值。

◆ **对公业务**：一般指"银行对单位"和"银行对公司"的业务，主要包括企业电子银行、单位存款业务、信贷业务、机构业务、国际业务、委托性住房金融、资金清算、中间业务、资产推介和基金托管等，帮助单位或公司完成一系列的资产管理工作。

◆ **中间业务**：又称表外业务，主要有本/外币结算、银行卡、信用证、备用信用证、票据担保、贷款承诺、衍生金融工具、代理业务和咨询顾问业务等，帮助企业和个人完成相应业务的办理。

3. 银行理财要用到的银行账户

我们要和银行建立联系，就需要一个介质，而这个介质就是银行账户。银行账户也叫作银行结算账户，是指存款人在经办银行开立的办理资金收付结算的人民币活期存款账户。

银行账户可分为单位银行结算账户和个人结算账户。其中，单位银行结算账户按用途不同，分为基本存款账户、一般存款账户、专用存款账户和临时存款账户。不过，本书所介绍的理财账户基本都以个人结算账户为讲解依据。

目前，我国的个人银行账户的管理还没有统一的标准，个人银行账户主要包括个人活期储蓄账户、个人定期存款账户及个人通知存款账户等。开立个人银行账户的手续比较简单，只需投资者带上自己的有效身份证件去银行即可办理。

【提示注意】

为了保证金融业务的顺利开展，我国对个人银行账户的开立实行"实名制"，凡是开立个人银行账户的个人，必须使用真实姓名，即指符合法律、行政法规和国家有关规定的身份证件上使用的姓名。

目前，大多数投资者会选择银行卡作为银行账户的介质。银行卡是由商业银行等金融机构及邮政储汇机构向社会公众发行的，具有消费信用、转账结算和存取现金等全部或部分功能的信用支付工具，包括信用卡和借记卡两种（这里主要讲借记卡，而信用卡的相关内容将在本章的第 3 节具体介绍）。

借记卡一般具有转账、存取现金和消费等功能，可以在电子商务网购平台或 POS 机上消费，也可通过 ATM 转账和提款。借记卡一般不能透支，也就是说，卡内资金不足时，投资者不能使用借记卡消费、取款或转账。同时，卡内的金额按活期存款计付利息。消费或提款时资金直接从储蓄账户划出，使用时一般需要银行卡的密码。

银行卡的大小一般为 85.60mm×53.98mm，图 1-2 为中国工商银行借记卡外形及正面图案。

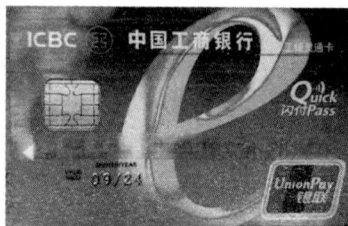

图 1-2　中国工商银行借记卡外形及正面图案

银行卡在使用过程中，最好注意如下所示的一些细节，以保证我们银行账户的安全。

◆ 设置密码不要过于简单，如"123456"等。

◆ 在任何场合输入密码时注意用手遮挡，特别是在 ATM 机上使用时要留意周围环境。

◆ 最好不要将银行卡和身份证放在一起，也不要将银行卡转借他人，不要随意泄露银行卡卡号及密码。

◆ 刷卡消费时，不要让银行卡离开视线范围，留意收银员的刷卡次数及金额。

◆ 开通"手机短信余额变动提示"服务。

◆ 银行卡不要和手机、电视、音响或微波炉等磁场强的电器放在一起，多张银行卡或存折也不要放在一起。

◆ 及时到银行更换最新的银行卡（如将磁条卡更换为更安全的芯片卡）。

◆ 不再使用的银行卡，则要进行销卡处理，并将银行卡"毁卡"。

1.2 用储蓄实现简单理财

许多人认为使用银行卡就是在进行简单的存取款，不需要了解太多。实际上，通过银行卡进行的简单存款并不能获得理想的利息收益。只有巧妙地进行储蓄，才会产生可观的利息，才是真正的理财方式。下面我们就来了解一些简单的储蓄，从而达到简单的理财目标。

1．储蓄获利的基础——存款

存款是指存款人在保留所有权的条件下，把资金或货币暂时存到银行或其他金融机构的行为。而存入银行账户的钱就叫"存款"，根据不同的存法，存款会产生不同的利息。活期账户的利息很少，而定期账户的利息一般比活期账户的利息高很多。

活期存款比较简单，我们直接存入银行卡的钱就称为活期存款，存款人无需任何事先通知，存款人即可随时存取和转让。而定期储蓄相比活期存款更复杂，主要指银行与存款人双方在存款时事先约定期限及对应的利率，到期后支取本息的存款。和活期存款不同，定期存款有如下的特点。

◆ 分为 3 个月、6 个月、1 年、2 年、3 年、5 年。

◆ 起存 50 元，无上限。

◆ 分为存单、定期一本通和借记卡等存款介质。

■ **存款利息的计算**

为了不被银行"忽悠"，存款人需要学会自己计算存款的利息，利息的计算很简单，具体计算公式为：

$$利息 = 本金 \times 利率 \times 存款时间$$

举例来说，如果有 50 万元资金存为 2 年定期存款，以工商银行 2015 年 10 月 24 日调整后的存款年利率（2.25%）计算，那么存满 2 年后，产生的利息为 $500\,000 \times 2.25\% \times 2 = 22500$（元）。

■ **存款到期**

定期存款会面临存款到期的问题，到期也就是约定的定期存款期限满期了，表示本次存款协议结束。存款一般在到期后，需要存款人自己到银行进行赎回，同时取出定期存款并领取利息。定期存款满期后，如果存款人未及时到银行办理取出存款或续存业务，则银行会将满期后的存款视作活期储蓄，利息就会按照活期利率计算。

■ 提前支取

如果存款人在定期存款还没有到期时就亟须用这笔存款，则存款人可以通过申请并办理"提前支取"业务来达到取出定期存款的目的。提前支取，是指存款人将未到期的定期存款提前支取出来。存款人办理提前支取时，需要本人携带身份证及存单到银行柜台进行办理。不过这样做的话，存款人会面临一定的利息损失。

【提示注意】

对定期存款执行部分支取时，不仅可以解决存款人的燃眉之急，又可以避免全部提前支取可能遭受的巨大利息损失。存款人提前支取部分存款时，提取部分按活期利率计算利息，剩余部分则按原来的期限计算定期储蓄利息。需要注意的是，一个存期内只能办理一次部分提前支取。

■ 存款续存

存款到期后，如果存款人不需要用钱，就可以选择续存。续存分为本息续存与只存本金，本息续存是指将本金和利息一起存为新的定期；只存本金是指取走利息，续存本金。

在定期存款到期后，存款人如果不想亲自到银行办理续存业务，又不想后面的时间只计算活期利息，则可在第一次办理存款业务时一起办理"自动转存"业务。自动转存是指定期存款满期后，自动将上一次的定期本息之和一起算作第二期存款的本金，这样就不需要存款人亲自去银行办理。

2. 钱多时间少也可获利——通知存款

如果投资者手中有一笔金额较大的资金，且短时间内可能会使用这笔资金，则可以选择"通知存款"来获得存款利息。

通知存款是一种不约定存期、一次性存入、可多次支取且支取时需提前通知银行的存款方式。存款人提前与银行约定支取日期和金额，约定支取日即可支取存款。这一存款方式有如下所示的一些存款要点。

◆ 通知存款的币种可以是人民币、港币、英镑、美元、日元、欧元、瑞士法郎、澳大利亚元或新加坡元等。

◆ 人民币通知存款最低起存金额为5万元，最低支取金额也为5万元。

◆ 通知存款的利率均高于活期存款利率，可以在短时间内有效获利。

◆ 1天通知存款必须提前1天通知银行并约定支取日期，7天通知存款则必须提前7天通知银行且约定支取日期。

◆ 储户如果未提前通知银行而支取的，银行将对支取部分按活期存款利率计息。

◆ 已办理通知存款手续但又在支取日之前提前支取或支取日之后逾期支取的，支取部分按活期存款利率计息。

◆ 存款人支取金额未达到约定金额或超过约定金额时，不足或超过部分按支取日活期存款利率计息。

通知存款为什么能帮助我们解决短时间内的资金闲置问题呢？下面通过一个简单的例子来说明。

吴先生手头有100万元现金不会马上使用，但在短时间内可能会使用这笔钱，为了保障资金安全，也为了不让这部分资金闲置，他选择将该笔资金存为1天通知存款，但最后实际存了30天。

在这样的情况下，如果吴先生选择的是 30 天活期存款（按中国工商银行 2017 年活期储蓄年利率 0.3% 计算利息），则利息为 1000000×0.3%/365×30=246.58（元）。

而 30 天的 1 天通知存款（按中国工商银行 2017 年 1 天通知存款年利率 0.55% 计算利息）利息为 1000000×0.55%/365×1 ＋ 1000000×0.3/365×29=253.43（元），与活期储蓄相比，多了 6.85 元的利息收益。

李先生同样有 100 万元现金，也是短期内可能会使用资金，但不同的是，他的资金使用不会特别突然，于是他选择存为了 7 天通知存款，实际也存了 30 天。那么其 30 天的 7 天通知存款（按中国工商银行 2017 年 7 天通知存款年利率 1.1% 计算利息）利息为 1000000×1.1%/365×7 ＋ 1000000×0.3%/365×23=400（元），比活期储蓄多了 153.42（元）。

由此可以看出，存款人根据资金使用情况选择通知存款，可以获得比活期储蓄更多的利息。

3. 攒钱计划——零存整取．整存零取和存本取息

储蓄就是为了攒钱，银行为了满足不同人群的资金存储或支取特点，提供了零存整取、整存零取和存本取息等不同的储蓄方式。

■ 零存整取

零存整取是一种较为常见的积累型储蓄方式，是指存款人在进行银行存款时约定存期、每月固定存款且到期一次支取本金和利息的一种储蓄方式，具体的存款要点如下。

◆ 存期选择分为 1 年期、3 年期和 5 年期。

◆ 零存整取办理后，可在下一月的任何一天存入资金。

◆ 如果出现了中途漏存，应该在次月进行补齐，但存期内漏存次数累计不超过两次。若超过两次，则此次合约将失效，之前存入账户的资金将按活期利率计算利息收益。

◆ 零存整取可以办理全部提前支取，但不能办理部分提前支取。

◆ 每月必须按开户时的金额进行续存，续存时不能增加金额或减少金额。

零存整取的利息计算和整存整取是完全不同的，其计算公式为：

$$利息 = 月存金额 × 累计月积数 × 月利率$$

其中，累计月积数 =（存入次数 +1）/2× 存入次数。1 年期的累计月积数为（12+1）/2×12=78，3 年期和 5 年期的累计月积数分别为 666 和 1830。

零存整取具有约束性的特点，非常适合年轻人用来理财，每个月将工资的一部分进行储蓄，非常简单、快捷且合理。

■ 整存零取

与零存整取相反的储蓄是整存零取，是指在开户时约定存款期限、本金一次存入且在固定期限分次支取本金的一种定期储蓄，其主要的存款要点如下。

◆ 存期分 1 年期、3 年期和 5 年期。

◆ 一次性存入时需 1000 元起存。

◆ 支取期分 1 个月一次、3 个月一次及半年一次。

◆ 不能办理部分提前支取，若在存期内实在有急用，可持个人身份证件等证明办理全部提前支取。

整存零取的利息计算公式为：

到期应付利息＝（全部本金＋每次支取金额）/2× 支取本金次数 × 每次支取间隔期 × 月利率。

比如，全部本金为 10000 元，存期为一年，每半年支取一次，每次支取 5000 元，因此支取次数为 2 次，年利率为 1.35%。则整存零取的利息收益为 [（10000＋5000）/2]×2×6×1.35%/12 ＝ 101.25（元）。

■ 存本取息

整存零取每次取出的是本金，而存本取息每次取出的是利息。存本取息定期储蓄是指一次性存入较大金额的本金，分次支取利息，到期支取本金的一种定期储蓄，其主要的存款要点如下。

◆ 存期分为 1 年期、3 年期和 5 年期。

◆ 存本取息的起点金额为 5000 元。

◆ 每次支取利息数＝本金 × 存期 × 利率 / 支取利息的次数。

◆ 在取息期确定后，中途不得变更。

存款人要好好利用以上 3 种存款方式，这样可以获得更理想的存款利息收益。存款人可根据自己的实际情况来进行选择，最终达到既不影响资金使用，又能获得最大收益的效果。

4. 最新存款制度——存款保险制度

2015 年开始实施的存款保险制度是一个和储蓄有关的最新的银行金融制度。

从严格意义上来说，存款保险制度和存款本身的方式及利息收益并没有太大的关系，它是指各类存款性金融机构集中起来建立一个保险机构，存款机构作为投保人按一定存款比例向存款保险基金管理机构缴纳保险费，建立存款保险准备金。这类似于购买人寿保险，当存款机构发生经营危机或面临破产倒闭时，存款保险基金管理机构向其提供财务救助，也可以直接向存款人支付部分或全部存款。

存款保险制度的具体细节有如下几点内容。

◆ **保障范围**：存款保险覆盖所有银行业金融机构吸收的存款，如我国境内设立的商业银行、农村合作银行和农村信用合作社等银行吸收的人民币存款或外币存款。但金融机构同业存款和投保机构的高级管理人员在存款保险机构的存款及存款保险基金管理机构规定不予保险的其他存款除外。

◆ **偿付限额**：存款保险实行限额偿付，最高偿付限额为人民币50万元。同一存款人在同一家投保机构，所有被保险存款账户的存款本金和利息合并计算的资金数额在最高偿付限额以内的，实行全额偿付；超出最高偿付限额的，超出部分依法从投保机构清算财产中受偿。

◆ **谁出保费**：存款人不需要缴纳保费，存款保险制度的保费主要是由银行这样的金融机构按规定缴纳。这样做的目的是加强对银行等金融机构的市场约束，促使银行审慎经营和健康发展。

◆ **钱由谁来赔**：根据存款保险制度专门成立一个存款保险基金管理机构，管理和运用存款保险基金，即使银行破产，存款人也可以找到索要赔偿的地方。

◆ **什么情况下进行偿付**：当出现下列情形时，存款人有权要求存款保险基金管理机构使用存款保险基金偿付被保险存款。如存款保险基金管理机构担任投保机构的接管组织、存款保险基金管理机构实施被撤销投保机构的清算、人民法院裁定受理对投保机构的破产申请以及经国务院批准的其他情形。为了保障偿付的及时性，充分保护存款人的权益，存款保险制度规定，存款保险基金管理机构应当在上述情形发生之日起7个工作日内足额偿付存款。

5. 更好地利用储蓄获利——组合存款

很多投资者已经意识到，单纯地将手中的资金进行定期储蓄，获得的利息收益并不十分可观。因此，"组合存款"这一储蓄方式进入大家的视线。组合存款是指在充分考虑存款方式和存款笔数后，选择多笔或多种存款方式来储存资金，从而应对不同的情况，下面我们来看一个案例（案例中各年利率是中国工商银行 2017 年公布数据）。

李女士人到中年，和丈夫两人都有不错的工作，自然收入也算不错。家里还有一个正在读高中的儿子，一家人均有社保，日常支出情况主要是家庭生活费（含水电费、物业管理费等）每月 2000 元，父母赡养加人情往来开支每月 1000 元，儿子读书每年约 6000 元。李女士家现在有一套 100 平方米的自用住房，最近打算购入一辆 20 万元的汽车。

另外，李女士一家拥有存款 80 万元，由于一家拥有固定的收入及保障，所以为了收益最大化，在综合考虑资金使用情况后，李女士做了如下的存款储蓄计划：存入 40 万元的 5 年期定期存款，同时为了避免突发事件的发生，存入 10 万元的 1 年期定期存款。因为买车的程序能在一周内完成，所以存入一笔 20 万元的 7 天通知存款。这 3 笔资金在到期时可收获的利息收益为 $400000 \times 2.75\% \times 5 + 100000 \times 1.75\% \times 1 + 200000 \times 1.1\%/365 \times 7 = 56792.19$（元）。

再者，李女士考虑到儿子现在以及将来的学费为一年一交，所以存入 5 万元 1 年期的定期存款，并且进行约定转存。另外再存入 5 万元的 3 年期整存零取存款，每月大约支取 1389 元，作为儿子将来上大学时每月的生活费来源。这一部分资金的存款利息收益为 $(50000 + 1389)/2 \times 36 \times 1 \times (1.55\%/12) = 1194.79$（元）。此外，李女士和丈夫两人每月从工资中拿出 2000 元存为零存整取存款，避免过度消费，为将来的生活做足充分的考虑。

像李女士一家这样的情况在当下是比较普遍的，投资者选择最好、最合适的存款方式，分笔存入，玩转银行储蓄业务，让金融生活更加多彩。

1.3 信用卡让生活更轻松

> 如今，信用卡是人们金融生活中非常常见的一种工具，由银行或信用卡公司依照用户的信用度与财力进行发放。持卡人持信用卡消费时无须支付现金，待账单日到来时再进行还款。因此，合理使用信用卡，可以让生活变得更加轻松。

1．认识信用卡

银行给予持卡人一定的信用额度，持卡人可在信用额度内先消费后还款，而帮助这一金融活动过程的介质就是信用卡。信用卡的卡片和储蓄卡类似，不过一般在信用卡的正面会刻明持卡人的姓名和使用期限，而卡背面还有卡片验证码。具体如图 1-3 所示。

图 1-3　常见的信用卡

对于满足信用卡申请条件的用户来说，申请比较简单，具体流程如下所示。

◆ **第一步，申请：**一般情况下，具有完全民事行为能力（中国大陆地区年满18周岁的公民）的，有一定直接经济来源的人都可以申领信用卡，在申请时需要尽可能多地提供个人身份证明及财力证明。

◆ **第二步，审核发卡：**发卡银行接到申请人提交的申请表及有关材料后，对申请人的信誉情况进行审查，根据审查结果最终决定是否将信用卡发放给申请人。

◆ **第三步，激活：**申请人申领信用卡成功后，发卡行将为持卡人在发卡银行开立单独的信用卡账户，以方便银行在持卡人购物、消费和取现后进行结算。

◆ **第四步，开卡：**为了保证信用卡使用的安全性，信用卡在正式启用前设置了开卡程序。开卡主要是通过电话或网络等途径，核对申请时提供的相关个人信息，符合后即完成开卡程序。在开卡时需要设置信用卡的密码。

◆ **第五步，使用：**信用卡在开立好后，就可以进行消费了，这对商家来说是一个授权的过程。

◆ **第六步，还款：**银行会根据持卡人每月的使用金额，在每月规定一个账单日，持卡人需要在银行发出还款通知的账单日之后的最后还款日之前，将账单上显示的金额偿还给银行信用卡账户。

【提示注意】

真的信用卡正面有发卡行名称及标识、信用卡卡种（组织标识）和全息防伪标记、卡号、英文或拼音姓名及有效日期（最新发行的信用卡卡片正面附有芯片，芯片账户与卡磁条账户为相对独立的两个账户）。背面有卡片磁条、持卡人签名栏（启用后必须签名）、服务热线电话、卡号末4位号码或全部卡号以及信用卡安全码（紧跟在卡号末4位号码后面的3位数字）等。

2．账单日．还款日．最低还款与账单分期

持卡人在使用信用卡的过程中会涉及账单日、还款日、最低还款和账单分期等概念，其中，最低还款和账单分期是还款方式。当投资者担心自己无法全额偿还信用卡时，可选择最低还款或账单分期来解决还款压力。

■账单日

信用卡账单日是指发卡银行每月定期对持卡人的信用卡账户当期发生的各项交易费用等进行汇总结算，并结计利息，计算当期总欠款金额和最小还款额，然后向持卡人邮寄账单的日期。

■还款日

信用卡的账单日之后会有一个相应的还款日和还款期，这一期间是免利息的，一般为账单日到最后还款日之间的时间段。也就是说，持卡人在最后还款日之前必须将账单金额还到信用卡账户内。

■最低还款

最低还款也就是每月的最低还款额度，最低还款额是指持卡人在还款期内可按发卡行规定的最低还款额进行还款，但不能享受免息还款期待遇，最低还款额为消费金额的10%加其他各类应付款项。以"最低还款"方式偿还了最低还款额后，投资者个人的征信记录不会受到影响。

个人最好谨慎使用最低还款功能，如果账单日发出的账单表示持卡人需要还款2000元，而持卡人在还款日只还了最低还款额200元，那么银行将对上一个账单周期的所有交易金额收取利息，其中最低还款额200元产生的利息将计到最后还款日为止，剩下未还的1800元将一直计息计到持卡人能够全额还款的时候为止。这样对持卡人来说将会承担较大的利息压力。

■账单分期

账单分期是另一种信用卡分期还款方式，持卡人使用信用卡刷卡消费后，向信用卡中心提出账单分期的申请，将消费金额分期归还给银行。这其中需要注意的是，账单分期虽然没有利息，但银行会向持卡人收取一定的手续费，而且一般在还款的第一期就需要偿还所有分期的手续费。如果分期期数太多，则持卡人承受的手续费压力也会较大。

3. 教你如何成为"卡神"

信用卡在带给我们方便的同时，也可能因为使用不当造成较为严重的后果，下面几招可以教你玩转信用卡，轻松成为"卡神"。

■弄清楚各种收费情况

信用卡的使用存在很多额外收费的情况。首先，信用卡取现会收取高额的手续费，而且取现会视同预借资金，会在取现第二日开始计算利息，并且没有免息期。所以持卡人如果不是为信用卡还款，则千万不要把现金存放到信用卡里。

信用卡一般都有年费，而且银行会根据信用卡的等级制定不同的年费标准，很多信用卡持卡人每年会支付一笔不小的年费金额。但是，银行为了促使持卡人消费，会规定信用卡刷卡到一定次数或一定金额后免收年费，而如果每年刷卡次数没有达到规定次数或金额，信用卡的年费将无法免除。而且有的银行还会规定持卡人只有在拿到信用卡后马上消费，才能享受"刷卡免年费"的待遇。所以持卡人要询问清楚银行对其信用卡的具体免年费规则和条件，另外还要注意免年费优惠的有效期限，因为有时过了一年以后，银行会推出新的"免年费"规则。

同时，有些信用卡在重设密码或挂失时也会收取一定的费用。具体情况需要持卡人咨询信用卡的发卡行。

还有一种不容忽视的收费情况——刷爆卡被扣"超限费"，持卡人在刷信用卡时，一个账单周期内的刷卡金额超过了实际信用额度，此时银行会对超出信用额度部分的金额收取"超限费"。

■选择合适的还款途径

如今的信用卡还款方式非常地多样化，常见的有如下几种。

（1）持卡人在最后还款日之前将与还款金额对应的足额现金存入信用卡账户内。

（2）通过转账汇款的方式将其他储蓄账户或理财账户的资金转入信用卡账户进行还款。

（3）将信用卡与"支付宝"或"微信钱包"等支付工具进行绑定，在账单日到来之际，不仅可以快速还款，还可以收到下一期的还款提醒。

■认清部分还款方式的弊端

信用卡持卡人都会觉得采用"最低还款"和"账单分期"的还款方式可以减轻自己的还款压力，殊不知，这两种还款方式存在着持卡人不得不考虑的弊端。如果持卡人采用"最低还款"方式还款，很可能面临较大一笔利息的支出；而采用"账单分期"方式还款，虽然没有利息支出，但是每期还款时都会被银行收取相应的手续费，一旦期数过多，持卡人也将面临一笔较大数额的手续费支出。

■坚决不做"卡奴"

信用卡带给消费者诸多的便利，但同时也存在成为人们生活负担的可能性。要想用信用卡过好生活，首先需要明确不做卡奴，而不想成为卡奴的话，最好做到如下几点。

（1）不过度办理信用卡张数，不过度使用信用卡消费，让信用额度与自己的财务状况相匹配。

（2）自行定制适合自己还款的账单日与还款日，比如将最后还款日设置在工资发放后的第一天，保证可以按时还款。

（3）巧用信用卡积分，领取各类兑换礼物。另外，信用卡会和不同的商家合作开展打折促销活动，此时持卡人使用信用卡消费更划算。

■掌握提升信用卡额度的方法

提升信用卡额度（以下简称提额）的方法一般有两种，一是当持卡人多消费并按时还款后，建立了良好的信用记录，银行会主动提升持卡人的信用额度。二是当持卡人消费某样商品时，信用额度不够，可以向银行提交临时额度申请。一般这种临时额度只能使用一次，并且不能超过原来授信额度太多。

持卡人如果掌握了一定的提额方法，就可以为信用卡争取更大的消费空间，为生活带来更大的便利，但前提是要在还款能力范围之内。首先，持卡人需要了解所持信用卡对应的银行和该银行对信用卡提升额度的周期规定，弄清楚提额周期可使持卡人及时进行提额；其次，持卡人要掌握一定的提额技巧，比如尽可能多次数地刷信用卡，让银行感受到持卡人对信用卡的需求，或者每月刷信用卡的金额都在信用额度的30%以上等。

■信用卡的日常使用

信用卡在日常使用过程中，有着较多的注意事项。首先，信用卡最好设置交易密码与查询密码，虽然信用卡无密码消费可以很省事儿，但其使用安全性较低。设置交易密码和查询密码，可以保障信用卡信息的安全，同时防止信用卡被盗刷。

其次，信用卡借予他人使用是银行明令禁止的，所以持卡人最好不要将信用卡借给他人使用。当然，持卡人心甘情愿出借或者觉得出借信用卡无所谓的情况除外。

另外，持卡人在使用信用卡时，要避免信用卡失信。信用卡失信的表现在于持卡人的信用产生了不良记录，这样一来，银行可能会对持卡人的信用卡采取一定的措施，比如提升信用卡额度变得更加困难。因此，信用卡持卡人要避免信用卡失信，不能忘记缴纳信用卡年费，不要错过最后还款日，也不要忽视信用卡零头数的归还。

4．信用卡与理财

信用卡与理财，一个是花钱，一个是生钱，这二者如何联系在一起呢？信用卡理财主要有两种方式，一是利用信用卡的免息期来获得其他的理财收益；二是通过信用卡在相关的发卡银行直接选购理财产品。

首先，信用卡的免息期本身就是一种理财方式。假设某投资者消费了1000元钱，但由于办理了信用卡，他可以在50天后（即还款日）再来偿还这笔钱，那么在这50天的免息期里，将这1000元用来购买理财产品，则产生的收益就归该投资者所有，相当于赚了一笔比存款利息更高的收益。

其次，现如今在银行购买与货币基金相关的理财产品越来越受到人们的追捧，如果投资者在银行办理了一张信用卡，则可用信用卡购买该银行的理财产品。当投资者每月接到信用卡账单后，持卡人只要在到期还款日的前两天赎回相应额度的基金还账即可。由于货币型基金具有风险低、变现快和无手续费等特点，既可以保证持卡人在透支到期日之前能够及时还款，也可以使持卡人获得高于银行活期存款利息的收益。

此外，如今的一些银行将信用卡与理财账户进行绑定，实现理财账户每月自动对信用卡进行还款，让收益最大化的同时，不影响信用卡的还款，保证个人信用记录良好。

无论通过什么手段进行理财，都需要做足充分的准备，在了解了银行的基础内容之后，我们就正式走进理财的大门，开始玩转银行，轻松理财。

1.4 银行理财与生活

生活中，人们有很多事情会需要银行的"帮忙"，比如买房买车需要向银行贷款；有时候也需要通过银行实现财富增值，比如储蓄或购买理财产品。与此同时，人们要注意银行理财的一些"陷阱"，防止被银行"套"走了钱财。

1．买房买车找银行

现如今，买车买房已然成为普通家庭都会做的事情，但是买车买房需要的资金并不是一笔小数目，大部分人都是通过向银行贷款来买车买房。

■向银行贷款买车

向银行贷款买车的人需要满足一定的条件，同时还需提交相关的材料和证明文件。对于个人购车者来说，必须是年满18周岁，且具有完全民事行为能力的中国公民；必须有一份较稳定的职业和较稳定的收入，或者拥有易于变现的资产（有价证券和金银制品等）；在申请贷款期间，购车者在经办银行储蓄专柜的账户内存入不低于银行规定的购车首期款；除此之外，购车者还需要向银行提供银行认可的担保并且愿意接受银行提出的认为必要的其他条件。那么，个人购车者向银行贷款购车需要提交哪些资料呢？具体内容如下。

◆ 《个人贷款申请书》和个人有效身份证件，包括居民身份证、户口簿、军官证、护照和港澳台同胞往来通行证等。借款人已婚的要提供配偶的身份证明。

◆ 户籍证明或长期居住证明，还有个人收入证明，必要时需提供家庭收入或财产证明。

◆ 由汽车经销商出具的购车意向证明和贷款买车首付证明。

◆ 以除所购车辆抵押以外的方式进行担保的，提供担保的有关材料，包括质押的权利凭证、抵押房地产权属证明和评估证明及第三方保证的意向书等。

◆ 如果借款所购车辆为商用车，还需提供所购车辆可合法用于运营的证明，如车辆挂靠运输车队的挂靠协议以及租赁协议等。

◆ 借款所购车辆为二手车，还需提供购车意向证明、银行认可的评估机构出具的车辆评估报告书、车辆出卖人的车辆产权证明、交易车辆的《机动车辆登记证》及车辆年检证明等。

购车人向银行贷款时，需要遵循一定的流程，具体程序如下。

（1）客户申请。借款人向银行提出申请并填写申请表，同时提交相关资料。

（2）签订合同。银行对借款人提交的申请资料审核通过后，双方签订借款合同及担保合同，视情况办理相关公证和抵押登记手续等。

（3）发放贷款。经银行审批同意发放的贷款，办妥所有手续后，银行按合同约定以转账方式直接划入汽车经销商的账户。

（4）按期还款。借款人按借款合同约定的还款计划和还款方式偿还贷款本息。

（5）贷款结清。一是正常结清，借款人在贷款到期日（一次性还本付息类）或贷款最后一期（分期偿还类）结清贷款；二是提前结清，在贷款到期日前，借款人若要提前部分或全部结清贷款，须按借款合同约定，提前向银行提出申请，由银行审批后到指定会计柜台进行还款。

（6）领回抵押物。贷款结清后，借款人应持本人有效身份证件和银行出具的贷款结清凭证领回由银行收押的法律凭证和有关证明文件，并持贷款结清凭证到原抵押登记部门办理抵押登记注销手续。

■向银行贷款买房

现在很多家庭没有足够的资金一次性将购房款付清，所以经常会使用按揭贷款的方式买房。下面就以按揭买房为例，说说使用该方法时借款人需要具备的条件和应该提供的材料有哪些。

购房者向银行申请购房贷款时需要具备以下条件，自身年龄要在 18 周岁以上且具有完全民事行为能力；已经交齐首期购房款；要有稳定合法的收入，要同意以所购房屋及其权益作为抵押物；若是购买的二手房，则其产权一定要清晰；所购房屋不在拆迁公告范围内；以及银行要求的其他条件。那么，按揭贷款需要借款人提供什么样的材料呢？

（1）申请人个人资信证明。申请人一般要两人以上，提供一份申请书，表明各申请人愿意共同申请贷款，共同承担还款义务和风险；出示申请人各自单位出具的收入证明及纳税证明，有兼职的出具兼职收入证明；提供个人财务情况，包括存款情况（人民币和外币）、拥有私车情况、有价证券及其他资产情况，同时还应出示存折原件或银行出具的存款证明；借款人提供担保人的，对自然人保人要求有固定职业和收入（保证还款能力），同时要在申请贷款的银行开立有户头，存入不低于月还款额 6 倍的存款。

（2）需提交的购房文件。一是经房地局备案登记的正式《商品房预售（销售）合同》，对于只签订了认购合同的，由律师事务所上报银行，由银行决定是否承认有效，是否给予贷款；二是房屋总价款 3‰以上的首期款交齐发票或收据；三是向律师事务所或银行购房信贷处领取的，并在律师指导下填好的申请表 2 份和合同书 4 份，其中内容包括发展商签章同意于房产过户前对其按揭贷款提供担保以及申请人同意以所购房屋作为按揭抵押物的声明；四是银行要求提供的其他文件。向银行贷款买房的流程与买车的流程类似，这里就不再赘述。

借款人在向银行申请车贷或房贷时，如果个人资质较好或信誉度高，则可能获得较低的贷款利率，如收入较高、还款能力较强或能提供抵押物来进行抵押贷款等。另外，如果借款人信用较好的话，也可通过信用卡分期买车或买房。信用卡分期购车或购房通常是没有利息的，不过会收取相应的手续费，贷款期数不同，手续费也会不同，借款人可在贷款前仔细计算相关费用，如果费用合理，也可以尝试这种方法。那么，向银行贷款买车买房与理财有什么关联呢？这种方法实际上就是应对通货膨胀带来的货币贬值，从而达到理财的目的。

例如，如果投资者把 10 万元投入到新车上，忽略新车贬值的前提下，两年以后原购车款 10 万元已经贬值为 8.6 万元（按一年 CPI 上升 7% 计算）。但如果投资者是贷款买车，这部分贬值损失则由银行承担。当然，在贷款的过程中，银行会收取一定的利息，但是投资者也可以用银行理财或储蓄等手段来对抗。如果遇到一些免息的车型，投资者则是稳赚。因此，用未来只值 8.6 万元的钱来买今天价值 10 万元的东西是很划得来的。

很多借款人会问，向银行贷款买车买房如果到期还不起怎么办？这时，借款人可以向银行申请逾期，只要与银行达成一定的协议即可；也可以向亲戚朋友借钱来还款或者与担保人共同承担贷款。

2．"榨"干银行的每一分利息

很多人都在想尽一切办法获得银行存款的理想利息收益，但其实没有人能够准确找到一种利息收益最高的方法。投资者只能从多种储蓄方式中，选择一种收益最高的方法进行储蓄，下面来看一个具体的例子。

情形一，日存50元

假设张先生从2014年3月1日开始每天定期存款（以下简称定存）50元，一年按365天计算，一年到期后继续续存（中间产生利息不计入续存的本金中）。到2016年3月1日时全部取出（工商银行2012年7月6日公布的一年期定存利率为3.25%，活期储蓄利率为0.35%，2015年3月1日公布的一年期定存利率为2.75%，活期利率为0.35%）。则两年来张先生所能获得的利息收益为 $50 \times 3.25\% \times 365 + 50 \times 2.75\% + 50 \times 0.35\% \times 364/365 + 50 \times 0.35\% \times 363/365 + \cdots + 50 \times 0.35\% \times 1/365 = 593.125 + 1.375 + 50 \times 0.35\% \times 182 = 594.5 + 31.85 = 626.35$（元）。

情形二，月存1520.83元

如果张先生每月10日发工资，并及时将工资中的1520.83元存为一年定期，之后续存，那么从2014年3月10日开始，一直到2016年3月10日取出所有存款（中间产生利息不计入存续的本金，利率情况如情形一）。那么，张先生在2016年3月10日时可获得利息收益为 $1520.83 \times 3.25\% \times 12 + 1520.83 \times 2.75\% + 1520.83 \times 0.35\% \times 11/12 + 1520.83 \times 0.35\% \times 10/12 + \cdots + 1520.83 \times 0.35\% \times 1/12 = 593.1237 + 41.822825 + 1520.83 \times 0.35\% \times 5.5 = 664.22$（元）。

情形三，年存18250元

如果张先生在2014年3月1日到2015年3月1日之间的一年里积攒钱财，然后再将这18250元存为一年定期，则2016年3月1日到期时所获得的利息为 $18250 \times 2.75\% = 501.875$（元）。

从上述3种情况可以看出，张先生利用月存方式获得的利息要更多，比年存高出 100 元以上的收益。如果实行日存，会耗费投资者时间。因此，月存的可操作性更强，且收益最高。但是，上述情况都是根据实际的利率来计算的，所以存款的跨期不同，对应的利率也会不同，可能会影响 3 种情形的具体收益情况，投资者需要根据存款期间银行的实际利率进行计算，得出获得最高收益的储蓄方式。

3．成为银行 VIP

很多人都知道，银行 VIP 能够享受到很多特殊的待遇和服务，有的人很想成为银行的 VIP 客户，却不知道需要哪些方面的条件。下面就来简单了解一下。

第一种，投资者要拥有一定金额的存款，一般为 10 万元；而部分银行仍然以客户开户时存入的资金起点作为其 VIP 客户的准入门槛，如 30 万元或 50 万元，各家银行的规定有所不同；还有一些银行则规定客户的年平均存款余额达到 10 万元或 20 万元人民币才能享受 VIP 服务。

第二种，以贷款情况作为银行 VIP 的准入门槛。有些银行为了争取到 VIP 客户，规定贷款一定金额的客户，能正常还款一年以上且没有不良记录，就可申请成为银行的 VIP 客户。

第三种，以客户购买银行理财产品的数量作为 VIP 客户准入门槛。有的银行规定，客户在自家银行购买一定数量的理财产品，只要客户所购买的金融理财产品的总量达到了该银行的要求，也可以申请成为银行的 VIP 客户。

另外，如果投资者在银行的理财活动并不复杂，或者说是简单，则可以考虑申请银行的 VIP 卡，因为 VIP 卡也能给持卡人带来很多便利和优惠，而且申请 VIP 卡的条件一般比成为银行 VIP 客户要简单。

.02

. PART .

科学管理
财富

不同人群
的理财法

理财
计划书

财富管理，理财是资金资源管理

在公司里，对员工的管理叫作"人力资源管理"。同理，投资者的理财活动则可以称为"资金资源管理"。人力资源管理可以帮助公司管理好人事方面的结构体系，而理财也能帮助投资者管理好资金结构体系，从而让投资者更充分地利用手中的资金，使资金发挥更大的作用。

2.1 科学管理个人及家庭财富

就目前金融市场情形来看，投资者主要的理财方向就是赚钱、省钱和生钱。生钱的方法很多，最常见的就是储蓄与投资。但从很多投资前辈的经历中可以看出，生活与投资的关系一定要处理好，不能盲目投资，否则容易给自己带来负担。

1. 我们有哪些资产要管理

很多对投资收益"红了眼"的投资者，不管家庭的经济状况和投资实力如何，"坚定"地将所有财产都用于投资，以为这样可以更好地管理自己的资产，同时还能获得丰厚的收益。其实不然，生活中有很多资产不需要我们进行特殊的理财管理。那么，什么资产需要管理呢？

◆ **闲置资金**：随着社会越来越复杂，不法分子越来越多，闲置资金放在身边很不安全。而且，如果不对闲置资金进行管理，放在身边还会面临通货膨胀下贬值的风险。所以，对闲置资金进行管理很有必要。

◆ **工资收入**：对于很多普通家庭来说，夫妻双方的工资收入是整个家庭的主要经济来源，所以工资收入的管理是一件大事。这不仅要考虑一家的消费，考虑省钱买车或买房等，还要考虑支付一些额外的或意外的开支。

◆ **租金**：有些家庭已经有了自己居住的房子，但还会另外购买住房用于对外出租，向租房者收取租金。投资者如果能将租金进行科学的管理，也能获得不错的收益，从而达到资产增值的目的。

◆ **存款**：没有什么理财经验的投资者以为把钱存进银行就能获得可观的利息收益。其实，这种想法是不完全正确的，投资者的存款确实可以产生一定的利息收益，但如果存款方式或存款期限的选择不恰当，则投资者可能会错失更多利息收益。所以，投资者不能忽视对存款的管理。

◆ **金融工具**：投资者不能在购买了债券、基金、股票或黄金等金融工具以后就放任不管了。为了能够获得更加理想的理财收益，投资者需要时刻关注金融工具的行情动态，在恰当的时间进行买卖，从而获得理财收益，达到管理这类资产的目的。

◆ **理财产品**：有的投资者认为投资金融工具的风险太大，而且有些金融工具的收益回收期太长，所以转而选择了银行理财产品或其他第三方平台的理财产品进行投资。同样地，这些理财产品也会有一定的投资风险，所以投资者不能放松警惕，依然要做好理财产品的投资管理。

2．财务周期让理财更长远

个人投资理财有五大周期，即单身期、家庭与事业形成期、家庭与事业成熟期、退休前期和退休期。这些周期是按照投资者的不同年龄阶段或者不同身份来划分的。不同周期的时间段内，理财的方式和特点都不同，下面就来了解具体情况。

■ 单身期积累理财经验

单身期是指从参加工作到结婚这段时间，一般是 3 ～ 5 年。这段时间工资低，开支大，所以理财的目的不在于短期能获得多少收益，而在于积累多少理财经验，为以后的生活打下基础。这个时期的理财手段主要是努力找寻高收入的工作，并积极努力地工作来积累初期财富，同时可以抽出部分收入进行高风险投资，如股票。单身期的金融资产比例一般为高风险的 60%、中等风险的 30%、中低风险的 5% 和低风险的 5%。

■ 家庭与事业形成期积极理财并兼顾安全性

该时期为结婚到子女出生前阶段，一般为 1 ~ 5 年。这段时间支出大，压力大，但事业会逐渐地稳定，收入也会不断地增加，生活趋于稳定，形成了一定的资本。处于该阶段的人们在投资方面可以偏向于积极型，同时要坚持安全稳健的投资原则，确保家庭的消费支出。这一时期，金融资产的比例一般为高风险的 40%、中等风险的 50% 和中低风险的 10%。

■ 家庭与事业成熟期积极理财并购买保险

该时期为子女出生到子女完成高等教育阶段，一般为 18 ~ 24 年。这段时间的收入和支出趋于稳定，但由于房贷、子女教育和父母赡养等负担，导致该时期的负担最繁重。此阶段的理财重点是如何合理调配和安排这些家庭支出，在这期间，投资者需要尽最大可能让财富增值，并且要慷慨地进行保险投资，一方面让保险保障家人的权益，另一方面也可通过保险获得理财收益。这一时期的金融资产比例一般为高风险的 30%、中等风险的 50% 和中低风险的 20%。

■ 退休前期巩固资产扩大投资

该时期为子女开始工作到本人退休阶段，一般为 10 ~ 15 年。这一时期子女开始独立，负债基本处理完毕，资产增加，生活压力减小，是人生财富积累的高峰期，也是财务上最轻松最自由的时期。这一时期的理财目标是巩固个人和家庭资产，扩大投资，为退休生活做准备。这一时期的金融资产比例一般为高风险的 10%、中等风险的 60% 和中低风险的 30%。

■ **退休期保障财产安全性和遗产传承**

该时期收入来源单一且工资收入明显下降，由于年龄增长带来的病痛增多，家庭赤字现象较严重。该阶段的理财重点是如何保障财产安全性和遗产的传承，此时的投资应倾向于低风险保守型的产品。这一时期，金融资产的比例一般为中等风险的 40% 和中低风险的 60%。

五大周期贯穿整个理财生涯，投资者按照这 5 个财务周期进行理财，可以实现长远理财的目的，获得丰厚的理财收益。

3. 投资理财不等于投机发财

投资理财是一种长期的、理性的且专业化的投资行为，不能把投资资金过多地集中于单一产品，这样风险也会过于集中，不利于理财。另外，不能听信"无风险、高收益"等说法，抱着投机心理，想要从这些"无风险、高收益"的投资产品中获益，达到"发财"的目的。投资理财需要投资者通过自身的努力，运用专业知识和技术促进理财获得收益，而不是仅凭感觉或者侥幸心理获取投机收益。

投资理财对收益的预期比较准确，风险也是考虑得比较清楚的，投资者进行投资理财时，心里是有底的；而投机发财一般对预期收益不敢肯定，不知道预期收益的范围，不知道风险到底有多大，心里想的就是"管他呢！能赚钱就好，应该不会这么倒霉就赔了吧"。投资者如果真的想获得稳健的，能够达到预期收益率的理财收益，应该积极进行投资理财，而不是整天想着如何投机一把发家致富。

在漫长的投资理财过程中，很多投资者会从最初的投资理财演变成投机发财，为避免这种情况的发生，投资者需要更加精明地管理好自身的财政状况，善于使用自己的盈余资金，切不可将资金全部投入到金融市场。

但是，投资者需要明白，投机并不都是坏的，投资也并不是神圣不可侵犯的。很多学术已经证明，投资和投机行为都能让市场获利或者优化市场。纵然投机有贬义的意味，但不可否认的是，这种行为贴合了经济模型中互利互惠的标准，交易双方的福利都会有所提升。所以，投资者在理财过程中，重点不是区分投资和投机，而是区分"好的投机"和"坏的投机"。

2.2 不同的人群如何进行理财

不同的人群，对理财收益的要求不同，承受投资风险的能力也不同，所以应该根据自身实际情况进行合适的理财。比如公司白领、公司老板、家庭主妇和老年人等不同人群就有着不同的理财特点。

一个很现实的问题，人们的收入水平不可能完全一致，而收入的多少会决定消费能力。收入多，能够支持的消费就多；收入少，能够支持的消费就少。投资理财也一样，在同样的消费支出情况下，收入高的人，会有更多的闲钱用于投资理财；反之，用于投资理财的资金会很少。所以，收入高时，可以将投资理财的目的制定为"冒冒风险，获取尽可能高的收益"；而收入低时，投资理财的目的就制定为"稳健投资，获取稳定理财收益"。

1. 小白领通过理财买房

国内每个地方的工资收入水平有所不同，每个阶层的工作人员的工资也会有差异。目前，社会上最多的就是工薪阶层的小白领，而且这群人对买房的需求特别大。但是，大部分小白领并没有太多的闲置资金用于理财，所以买房的资金来源很有限。下面通过一个实例来学习小白领如何利用理财买房。

成都的游女士是一家贸易公司的销售专员，2015 年时，其税后月薪是 4000 元左右。其未婚夫的税后月薪为 6000 元，两人打算先买房后结婚，所以决定从现在开始存钱。游女士的年终奖是以一年内的销售业绩为基础进行发放的，平均为 1.5 万元，而其未婚夫因为在国企工作，年薪平均可达到 5 万元。两人列出了收入和支出情况，预计每月消费 2000 元左右，所以两人每月的收入会有 8000 元的盈余。

于是两人决定将每月 8000 元的盈余拿 5000 元存为零存整取，存期为一年（按 2015 年 10 月 24 日以后中国工商银行公布的利率计算利息），则一年后，两人的零存整取利息为 $5000 \times 1.35\%/12 \times$（$12 + 11 + \cdots\cdots +$ 1）$= 438.75$（元），一年后的本息和为 $5000 \times 12 + 438.75 = 60438.75$（元）。然后再用剩余的 3000 元在工商银行进行了基金定期定额投资（以下简称定投），时间为一年，平均年收益率为 4.5%，而基金定投收益 = 每期定投金额 ×（1 + 收益率）× [- 1 +（1 + 收益率）^{n}] / 收益率，其中 n 为定投期数。所以，游女士和其未婚夫进行的基金定投在一年后可收获的本金和收益为 $3000 \times 12 \times$（$1 + 4.5\%$）$\times$ [$- 1 +$（$1 + 4.5\%$）^{1}] / 4.5% $= 37620$（元）。从而可以得出，两人在一年后储蓄与基金定投总共可收获本金和收益为 $60438.75 + 37620 = 98058.75$（元）。

2016 年，两人看中了一套 90 平方米的房子，该房源位于成都二环到三环之间，装修程度为毛坯，价格为 5800 元 / 平方米，所以两人要支付的房屋总价款 $5800 \times 90 = 522000$（元），根据开发商制定的规则，两人需要支付的首付款为 156600 元。而两人手头上只有之前理财的本金和收益总共 98058.75 元，还差 58541.25 元。两人担心不及时签订合同的话以后再买房就没有了，所以两人打算先支付首付款，把合同签下来。于是向各自的父母借了3万元，总共6万元，买下了看中的房子。之后不久，两人拿到了结婚证，办了一场不大不小的婚礼，以后的日子坚持理财，还清了房贷和父母的借款。

小白领理财买房，最关键的是要选择风险相对较低但理财收益相对较高的产品或者金融工具，这样才能在较短的时间内积蓄足够的首付款，及时买下想买的房子。

2. 生意人也要学会理财

很多人会认为，生意人的收入是源源不断地，而且做生意的人，其盈利数额一般很可观，所以不需要特意地进行理财。其实这种想法并不"阳光"，人人都想过比自己目前生活更好的生活，生意人也不例外，而要想过更好的生活，理财必不可少。

理财并不能狭隘地理解为赚钱或者让钱升值，还包含了省钱及合理规划资金结构，不让资金处于闲置甚至贬值的境地，从而达到资金增值的目的。下面通过一个具体的案例来学习生意人理财的特点和必要性。

孙先生和其妻子因所在公司裁员而双双失业，为了生活，夫妻俩租了一个门市，开了一家冒菜馆。由于夫妻二人身处成都，冒菜生意很受欢迎，自开馆以来，每天的客流量都很多，生意做得很红火。次年，夫妻两人为了解决供不应求以及店面小的情况，重新扩展了店面。3年下来，除去其他消费支出和经营成本外，平均年收入在15万元左右。在儿子3岁时，夫妻双方的父母都处于最后几年的工作阶段，能够维持各自的生活，不需要夫妻二人资助。那么，接下来夫妻二人要怎样进行理财规划呢？

在进行具体的理财规划之前，夫妻二人要明确自己的财务状况，3年存款为 $15 \times 3 = 45$ 万元，年收入15万元，其中扣除了每月生活费4000元。

由于夫妻二人见过其他投资者投资失败的真事儿，因此对于家庭投资偏好保守稳健型。所以，两人的具体计划如下。

（1）现金管理：把 45 万元存款中的 2.5 万元作为应急备用金，其余款项作为购房和投资理财的资金。同时，到银行办理借记卡和贷记卡各一张，将 2.5 万元分为 1.8 万元定期和 7000 元活期存入借记卡，作为 6 个月的生活费用或应急准备金，同时用贷记卡作为信用保证。

（2）购置房产：购置商品房一套，总面积 130 平方米，按照其所处位置（二环至三环之间）的平均房价来算，需要支付的总价款为 $130 \times 5800 = 754000$（元），则首付为 $754000 \times 30\% = 226200$（元）。假设首付款为 23 万元，则夫妻二人的商业贷款为 $75.4 - 23 = 52.4$（万元）。如果 20 年还清，每月等额还款（按普通贷款利率计算，以工商银行 2015 年 10 月 24 日公布的数据为例），则每月要还款 $[52.4 \times 4.9\%/12 \times (1 + 4.9\%/12)^{20 \times 12}]/[(1 + 4.9\%/12)^{20 \times 12} - 1] = [0.2140 \times 2.6591]/[2.6591 - 1] = 0.3429$（万元），即夫妻二人每月还本付息金额为 3429 元，年还款 4.1 万元。

（3）儿子的教育及保障计划：儿子 7 岁开始上学，按正常读书年限，会在 19 岁时上大学，按照目前的消费水平，大学本科 4 年总费用应在 8 万元左右。同时给儿子选择兼顾了保障和理财功能的保险产品，保障期限为 10 年，预计每年缴纳 1 万元，到期可返还 12 万元左右，这其中附加了意外伤害险和重大疾病险。另外，儿子在上小学后可以进行 2 万元的教育储蓄，为的是保证儿子上大学所需的费用。

（4）投资理财：去除 2.5 万元的应急备用金，还有 42.5 万元的存款，在扣除房屋首付款 23 万元、保险费 10 万元和教育储蓄 2 万元后，还剩 7.5 万元。两人决定投资国债 2.25 万元（占 7.5 万元的 30%），货币基金 3.75 万元（占 7.5 万元的 50%），以及股市投资 1.5 万元（占 7.5 万元的 20%）。

这样一来，孙先生一家人的资金增值途径就更多，收入也更丰富，而且以后每年还有稳定的 15 万元净利润收入，又可以做其他的投资，包括为自己和妻子购买一些切实的保险，如意外险、重大疾病险及分红保险等。生意人的理财范围相对来说更加宽广。

3. 家庭主妇的理财妙招

家庭主妇一般以一家人的生活为中心，事事从家庭的利益出发，为了帮助家庭实施好整个理财计划，家庭主妇也要学会力所能及的理财方法和手段。从家庭主妇在家庭中扮演的角色可知，其理财的方向主要为省钱，有条件的话可以拓展到"生钱"的方向。具体的"招数"如下所示。

■ 学会管理资金

家庭主妇首先要学会管理资金，将每个月的工资分为 3 份，一份日常使用，一份存入银行，剩下的一份用于投资理财，然后再学习如何理财。

■ 为家庭成员配置保险

以家庭资金的 10% 或 20% 来应对突发的开销，最好的方法就是配置保险，从而达到专款专用的效果，保障家庭成员在出现意外事故或重大疾病时，有足够的钱保命。如意外伤害险和重大疾病保险，这些保险能够保障投资者不到处借钱。

■ 制定开支目标

一般占家庭资金的 10%，或者是家庭 3 ～ 6 个月的生活费。为了这部分资金的流动性，同时也为了获得一定的收益，可以将这部分资金存入货币基金当中，如余额宝。除此之外，家庭主妇要把每个月的开支设置一个资金限额，防止过度开销造成家庭经济负担。

■ 规划投资资金

一般将家庭资金的 40% 用来投资，为家庭创造收益，普通家庭应选择一些收益稳健的投资项目或产品。虽然股票的收益很高，但投资风险也很大，需要投资者具有较强的专业性，对于普通家庭来说，操作起来比较困难。

■ 规划储蓄资金

一般将家庭资金的 30% 或 40% 用于储蓄，储蓄风险较低，甚至可以理解为储蓄没有风险。储蓄到期后可获得本息，除非遇到自然灾害或不可抗力的事故，储蓄一定是保本的。

■ 减少浏览网店的时间

虽说网上购物能给消费者带来无限的便捷，但同样也让消费者每年的大部分收入进了他们的口袋，尤其是女性。所以，家庭主妇在无聊的时候尽量少逛网店，因为一旦进了网店，就想到处看看，什么都想买，这其中肯定会出现冲动消费的情况，最后买了一些没用的东西。

■ 线下购物前列好清单

女性逛街的"天赋"众所周知，逛街往往会花费大量时间和金钱，但通常买到的实用东西却很少。浪费的时间和金钱如果拿来做理财投资，会是一笔不小的财富。

■ 延迟消费

如果真的是自己或家人很喜欢的东西，可以看看是否为刚性需求用品，考虑不买是否会影响日常生活。若不会，则先加入购物车，要是 30 天后还是很想买，则可以考虑购买；否则，就果断放弃购买，这种做法也是避免冲动消费的手段。

理财学院：银行理财产品一本通

▓ 多关注实用 APP

现在很多 APP 都给了消费者不同程度的优惠或折扣，如外卖系列的美团和饿了么都有优惠券，还有满减活动，如果不想自己动手做饭，则可以通过这些外卖网订餐，经济实惠；还可以下载安装一些打车 APP，各种专车、顺风车和快车等也都有优惠券，出门更加方便且便宜。

另外，还有一些生活 APP 可以帮助家庭主妇理财，比如"悦动圈""高铁管家"和"中国银行掌上营业厅"等，可以在运动、乘车和话费消费等方面节约资金。另外，家庭主妇还可以在适当的时候购买需要的物品，比如在商场打折的时候或者商品进行促销的时候购买。

▓ 一日三餐自己动手

如果是朝九晚五或朝九晚六的上班族，尽量自己带午餐，早晚饭也可以自己动手做。实践证明，在外面饭馆就餐要比一日三餐自己做饭吃多花2~3倍的钱，即使是和同事一起出去拼单消费，也比是自己带饭多支出1~2倍。而且自己做饭更加卫生健康，买菜的时候也要注意，尽量去菜市场买菜而不是去超市买。

▓ 全职太太的 DIY 生活

如果是全职太太，每天的工作内容就是做家务，那么可以自己动手制作一些日常用品，不仅可以陶冶情操，还能节省资金。比如，自己把认为过时的衣服重新改造成新款式，或者在夏天的时候自己动手制作冰饮，为家人谋福利等。

▓ 节约用水用电

人们的生活离不开水电的使用，特别是在冬夏两季，水电的使用会比春秋两季多，很多不懂得节约用水用电的家庭，在这两个季节会有较大一笔水电开支。鉴于此，家庭主妇可以把洗衣服的水用来冲厕所；淘米水用来浇花；如果电费采用时间段标准，则一般在晚上 10 点以后有峰谷电，冬夏可以大胆地整晚使用空调和电风扇，还可以借助这一峰谷电时段熬粥，这样早饭就解决了，而且还比早上熬粥节省不少电费和燃气费。

■ 家庭购车的合理建议

购车首先要量力而行，买适合家庭收入水平的车。然后是要注重保养，家庭主妇在平时没事的时候，可以帮助清洗汽车，这样就可以省掉去 4S 店或者专门的洗车店洗车的开支。但是每隔一段时间，需要把车送到专业的 4S 店或者汽车保养公司做检查，为了家人的安全，这一开支不能省。所以，家庭主妇不要以为理财就是抠门儿，该花的钱还是要花，重点是要将钱花在"刀刃"上，避免不必要的支出，保持家庭生活品质。

■ 坚持记录每日收支情况

记账是一个漫长的过程，能反映家庭的收支情况，根据账单能看清家庭资金的来龙去脉，能清楚家庭资金的盈余情况，能让家庭管财者做出正确的投资理财决策。不记账，会导致家庭成员对家庭收支感到迷糊，很多时候钱不翼而飞也察觉不了。所以家庭主妇要坚持记账，收入与支出情况要记录得清晰明确。

■ 收集废品获得额外收入

家庭主妇可以收集家中的各种旧报纸、旧书籍和易拉罐等，等到有人来收购时就可以将这些废品卖掉，获得一笔收入。千万不要小瞧这一习惯，一点一滴聚集起来的可回收物也能解决家庭的经济负担。而且从另一方面来看，卖掉废品相当于降低了当初购买商品的成本，从侧面达到理财的目的。另外，将家中的旧衣服和旧家电等收集起来卖掉，不仅能增加一些小收入，同时也能腾出家里的使用空间，保持摆设整洁。

4．老年人理财要注重安全和传承

老年人的心理承受能力不强，对于投资失败、资金亏损的情况会产生很大的情绪波动。因此，老年人投资理财需要注意投资安全，保证本金，在安全的基础上获取收益。另外，老年人理财存在一个现实问题，理财的本金或收益可能在身故前没有使用完，则存在一个遗产问题。所以，老年人理财，不仅要注重安全性，还要考虑到财产的传承。综合安全和传承两大要求，老年人理财最合适的产品就是保险，如人寿险或万能险等。下面以平安保险的一款万能险为例讲解老年人如何理财。

"智悦人生健康保障计划"是平安保险推出的一款万能险，所有人群都适用，而且保险期限为终身。该保险产品有三大特色，即保障范围全面、保障额度自主调节和账户稳健以及领取灵活。投保人在购买主险的同时，可自主选择重大疾病保障（涵盖恶性肿瘤和急性心肌梗死等45种重疾）、意外保障（涵盖意外伤残、意外身故保障和公共交通意外双倍赔付等）、意外医疗（因意外导致的门诊及住院费）以及保费豁免（发生特定事故不用再缴纳保费）等附加险。

咸老先生是一名刚退休的工人，为了让家庭财产增值，在子女需要帮助的时候能够伸出援手，他购买了一份平安保险公司销售的"智悦人生健康保障计划"保险，虽然年缴费7000元并不是一笔小数目，但为了资金的安全和投资资金的传承，咸老先生没有犹豫。在保险合同上指定了受益人为自己的儿子，被保险人是自己，如果咸老先生在85岁或者其他时候身故，则其投资本金和身故保险金都将留给他的儿子，这时就变相地将自己的财产传承给了自己的儿子。使用购买保险的方法可以帮助投资者合理避税，如遗产税，让自己的财产尽可能多地进入后人的钱包中。

除此之外，老年人还可以购买国债，收益稳定。但需要注意的是，老年人需要及时赎回手中的国债，或者在身故前及时办理国债的转让。否则一旦身故后，国债没有赎回或者没有转让给后人，可能会给后人带来不少麻烦，虽然这些国债能够给后人带来一些收益，但可能抵消不了麻烦带来的精神、时间和资金的损失。

2.3 理财计划书

> 对于普通老百姓来说，在制定理财计划书时虽然有点耗费时间，但如果有一份理财计划书摆在家里，可以更好地监督理财计划的实施，防止理财理到一半就懈怠放弃了，进而损失不必要的钱财。

1．一个家庭完善的理财计划

实践证明，一个完善的理财计划包括很多内容，如个人资金现状、个人投资风险承受能力和投资偏好分析、各种投资理财产品的特点和风险分析、对比个人投资倾向和理财产品的收益特点及风险程度、制订符合个人理财需求的理财方案、预测理财收益以及制定投资失败的应对措施等。

◆ **个人资金现状**：理财计划中，明确个人资金现状，可以为理财计划做好前期准备和投入预算，防止理财超负荷投入。

◆ **风险承受力和投资偏好分析**：市场上的理财产品和理财项目纷繁复杂，并不是所有理财产品都适合投资者，而某一投资者也并不是只适合投资一种理财产品或理财项目。为了找到适合投资者理财的品种或项目，投资者需要进行自我投资风险承受能力评估和投资偏好分析。比如，风险承受能力低的投资者适合投资中等风险及以下的理财产品，而风险承受能力较高的投资者可以适当投资高风险理财产品；保守型投资者比较喜欢购买债券或者进行银行储蓄，而稳健型投资者喜欢购买货币基金或保险等产品，成长型和进取型的投资者比较倾向于股票、黄金和外汇等高风险高收益的理财产品。

◆ **分析理财产品收益特点和风险**：投资者除了分析自己的风险承受能力和投资偏好外，还要相对应地分析各种理财产品或项目的收益特点和风险，这样才能对号入座选择合适的理财产品或理财金融工具。追求高收益的投资者与追求稳健收益的投资者在选择理财工具和产品时肯定会有不同的结果，即使选择的产品相同，但投资的比例也会有差异。

◆ **制订理财方案**：选择理财工具或产品只是理财的第一步，如果不指定详细的理财方案，理财只能停留在第一步，不能前行的理财活动就不能给投资者带来理想的收益，可能还会因为没有具体的理财方案，导致投资者在理财过程中走偏轨道，损失理财本金。而制订了理财方案就可以有效避免此类情况的出现。

◆ **预期收益及投资失败应对措施**：投资者给自己制定一个预期收益目标，当达到这一目标时就要果断停止投资或者减少投资，避免盲目追求收益导致投资失败。所以，投资者还要在理财计划中制定投资失败的应对措施，防止投资失败影响个人或家庭的正常生活。

2．理财计划书的制定步骤

为了使理财计划实施得更加顺利，投资者需要掌握制定理财计划书的步骤，具体步骤如图2-1所示。

| 第一步 | 整理出财务状况概要 |

在撰写计划书之前，投资者要了解自己的财务状况。首先，记录自己的现金流，用Excel软件或在记事本上将所有的资产、收入和支出列一份清单，包括信用卡和贷款情况。为了更好地掌握支出情况，投资者可以收集3个月以来的银行对账单和信用卡账单，这样就能看到每个月的开支。在查阅账单后，投资者要记录一些不经常发生的大笔支出，如物业税或利用年假出游的开支。因为这些支出每年或每几年才会发生一次，所以对这些开支要进行特殊批注。

| 第二步 | 列出优先目标和次要目标 |

在了解了自己的财务状况之后，下一步就要确定理财目标。比如投资者要在多少岁退休？是否希望购买一套或多套房产？想要有多少存款？想要获得稳健收益还是高风险高收益？投资者需要在所有理财目标中先确定优先目标，这样才有可能准确找到实现目标的办法。如果不能确定理财的优先目标，则可以咨询理财顾问，顾问的意见可能会有助于投资者确定自己的优先目标，一旦找到答案，就应该把想要实现的目标列一份清单，然后按照它们的重要程度排序。一般来说，投资者应该把偿还债务和退休储蓄作为重中之重，获得理财收益次之，其他的紧随其后。

| 第三步 | 制订理财计划实施方案 |

在明确了理财目标的主次关系后，要为每一目标的实施设计方案，包括具体的做法、理财品种的选择、期限的选择、到期是否续存或再次购买以及如果理财目标提前实现又该怎么做等。除此之外，还要对理财资金的分配进行仔细说明，根据投资的不同和预期收益的不同，预测每种理财产品或方式能够获得的收益，想出各种理财方式或理财产品投资遭遇风险时可以采取的应对措施。

| 第四步 | 按照理财计划实施方案办事，灵活调整 |

在理财计划实施方案制订好后，投资者要切实付诸行动。大致流程按照方案中的说明进行，但是遇到特殊情况或突发状况时要灵活应对，同时对方案进行调整，将经过调整的地方做好标注，方便日后对比查看。

| 第五步 | 考虑如何处理获得的收益 |

有些投资者理财本金巨大，所以理财收益也是一笔不小的资金。此时投资者要考虑是否将收益进行二次理财，或者是否要用作其他方面的消费。这一步骤可能涉及的行为要列举在整个理财计划书的末尾。

图 2-1　制定理财计划书的步骤

其实，制定理财计划书的步骤就是制订整个理财计划方案的过程，只不过要把制订理财计划方案的各个步骤明朗化，先做什么，然后做什么，最后做什么。理财计划书要体现理财的逻辑性，所以需要明确流程。

3．一个实例让你看到理财计划书的重要性

很多投资者对制定理财计划书不以为意，还觉得很浪费时间。下面我们将通过一个实例，来了解理财计划书对于投资者的重要性。

金女士和潘女士是好朋友，两人经常在一起谈论工作和生活。随着年龄的增长，两人也相继与各自的男朋友结婚了。婚后两人也经常约在一起聊天，各自最大的感受就是，婚后生活的开支加大，特别是在有了孩子以后。于是，两人打算开始理财，并都简单地说了一下自己对理财方面的认识和把握。

不同的是，金女士是一位性格开朗、不拘小节的人，只是在与好友潘女士谈论过后就回家与丈夫商议要购买理财产品，然后在向身边的很多理财"前辈"询问了理财经验后，他们选择了一款收益率颇高（5%）的股票型基金，并且投入了 5 万元。两个月后，夫妻俩赚了 $5 \times 5\%/6 = 0.04167$（万元），即 416.7 元。于是俩人决定再追加 5 万元的投资，又 2 个月过后，夫妻俩发现该股票基金的收益居然为负值（-3%），此时收益为 $10 \times （-3\%）/6 = -0.05$（万元），即 -500 元。4 个月下来，夫妻俩不仅没有获得收益，还赔了 83.3 元。更重要的是，夫妻两人在 4 个月中，投入了手中大部分资金，影响了家庭正常的开支，于是金女士跑去跟潘女士诉苦，这才发现潘女士在这 4 个月的时间里因理财收获了一笔小收益。

原来，潘女士在和金女士讨论了理财想法后，回家也和自己的丈夫说明了情况，两人明确了家里除去正常开支后剩下的钱为 3 万元，考虑到家中有孩子，突发状况比较多，于是决定投资货币基金，因为投资货币基金的好处是资金可以灵活存取，这样可以应对临时用钱的状况。潘女士家根据风险与收益的正比关系，投资了一款预期收益率为 2.6% 的货币基金做了一份详细的理财计划书。幸运的是，这 4 个月里没有出现突发状况，收益为 $3 \times 2.6\%/3 = 260$（元），潘女士赚了 260 元。

认识银行
理财产品

读懂银行
理财产品

各种类型
理财产品

线下购买
理财产品

银行理财产品，人人都能上手的理财工具

银行理财产品之所以称为人人都能上手的理财工具，主
要是因为银行理财产品可以直接在银行官网上购买，程序简
单，操作方便。而且不需要投资者掌握很专业的投资技巧，
只要搞清楚产品存在的风险和收益情况，然后对比自身对理
财收益的需求和风险的承受能力，即可选择适合自己的产品。

🌐 3.1 认识银行理财产品

> 银行理财产品不同于一般的金融理财工具，银行理财产品是各大银行自主发行，为投资者提供赚钱机会，为银行带来资金储备的理财工具。认识银行理财产品首先要明白什么是银行理财产品，然后要了解银行理财产品的种类等。最后，作为投资者，要了解如何购买银行理财产品。

按照标准的解释，银行理财产品应该是商业银行在对潜在目标客户群分析研究的基础上，针对特定目标客户群开发设计并销售的资金投资和管理计划。在银行理财产品投资方式中，银行只是接受客户（投资者）的授权管理资金，投资收益与风险由客户自己或约定方式双方承担。

银行理财产品一般指商业银行个人理财业务中的综合理财服务。银行理财产品主要有两大类，固定收益型和浮动收益型，有些银行还有保本型。这是根据银行理财产品的收益特征划分的类型，大部分银行还以理财产品的风险等级划分理财产品种类，如股票型、基金型、债券型和货币基金型等。

除此之外，很多银行还以币种为划分依据，将银行理财产品划分为人民币理财产品和外币理财产品。总之，运用不同划分依据可以将银行理财产品划分成不同类型。

随着银行理财产品的特点日渐突出，越来越多的投资者选择银行理财产品进行投资理财。即使这样，投资者也不能盲目进行，要清楚银行理财产品的发展趋势，具体情况如下。

◆ 同业理财产品的逐步拓展，将原有外资机构和中资商业银行之间的"银银"合作模式映射到国内大型银行和中小银行之间的同业理财模式。

◆ 由于投资组合保险策略的逐步尝试，使得产品的稳健与否并不在于是否参与了高风险资产的投资，而在于投资组合的合理分配。

◆ 动态管理类产品的逐渐增多，投资方向和投资组合灵活多变及高流动性成为该类产品的主要优势。但该类产品的信息透明度问题值得投资者关注。

◆ 通过不同类型银行理财产品之间的投资组合构建，来满足不同风险承受能力投资者的投资需求，从而促使银行理财产品的逐步繁荣。

◆ 另类投资开始逐步兴起，如艺术品和饮品（酒和茶）等逐步进入银行理财产品市场的投资视野，未来的低碳概念、不动产和自然资源的投资将会成为下一个热点。

就当下银行理财产品的销售情况来看，投资者可以直接到各大银行的官网上购买，无须亲自到银行办理购买手续。但是需要投资者注意的是，购买银行理财产品前，都要进行投资者风险评估，且必须到银行网点测评。测评后，投资者可以自己在网上购买，也可以直接在银行网点购买。

3.2 读懂一款银行理财产品

一般来说，投资者要了解一款银行理财产品，首先要做的就是认真仔细地阅读产品说明书，而产品说明书中包含很多内容，投资者要从产品说明书中抓住银行理财产品的重点内容，这样才能读懂一款银行理财产品。

1. 产品说明书

银行理财产品说明书是对产品具体内容的说明和展示，目的是让投资者更加了解相应理财产品的情况。银行理财产品的产品说明书一般包括风险揭示书、产品概述、投资对象、投资管理人、产品的申购和赎回方式、巨额赎回、理财收益分析、提前终止、信息披露、特别提示和咨询电话等内容。这些内容都需要投资者仔细阅读，否则自己的利益受到损害时可能无法找到赔偿或有效的解决办法。下面以查看工商银行理财产品的产品说明书为例，介绍具体的操作步骤。

Step01 进入工商银行官方网站（http://www.icbc.com.cn/icbc/），将鼠标光标移动到首页上方的"个人业务"菜单项处，在弹出的菜单列表中单击"理财"超链接。

Step02 在打开的页面中选择一款理财产品并单击产品名称的超链接。

Step03 在打开的页面中即可查看到该产品的产品说明书，如下图就是中国工商银行"灵通快线"个人无固定期限人民币理财产品（LT0801）说明书的部分内容。

风险揭示书	
理财非存款、产品有风险、投资须谨慎　中国工商银行郑重提示：在购买理财产品前，客户应仔细阅读理财产品销售文件，确保自己完全理解该项投资的性质和所涉及的风险，详细了解和审慎评估该理财产品的资金投资方向、风险类型及预期收益等基本情况，在慎重考虑后自行决定购买与自身承受能力和资产管理需求匹配的理财产品；在购买理财产品后，客户应随时关注该理财产品的信息披露情况，及时获取相关信息。	
产品类型	非保本浮动收益型
产品期限	无固定期限产品
产品风险评级	PR1

2．理财产品几大日期的解释

银行理财产品一般会涉及几大日期，即产品投资期限、产品成立日、认购起始日、到期日、起息日、募集期、投资封闭期、开放日和开放期等。具体解释内容如下。

◆ **投资期限**：即银行理财产品的持有时间，也可以理解为产品能够计算收益的时间。有些理财产品的投资期限不固定，投资者在理财产品的开放期内可以随时申购或赎回，但规定不能申购和赎回的情况除外。有的理财产品的投资期限较短，或者有固定的持有天数，这类产品的投资期限一般指一个投资周期，周期过后再次购买该理财产品时又按照同样的投资期限进行理财。

◆ **产品成立日**：即产品发布的日子，一般在募集期之前，也就是投资者能够进行理财产品认购操作的第一天。对于存在周期性的理财产品而言，投资者可能在购买这类理财产品时会发现，产品很早以前就成立了，而当下的时间可能与产品成立日相差数年。

◆ **认购起始日**：指投资者购买某银行理财产品时确认份额的时间，并不是认购产品的时间或者申购产品的时间。

◆ **到期日**：产品投资终止日，即收益计算截止日。投资者自到期日将理财产品赎回，并获得本金和收益。一般来说，产品的认购起始日至到期日之间的时间段就是投资期限。

◆ **起息日**：即开始计算收益的时间，通常是认购起始日。

◆ **募集期**：很多银行理财产品公布出来后，有一个时期作为投资者认购份额的时间段。在这个时间段内，产品一般不接受赎回指令，即投资者在募集期不能赎回产品。

◆ **投资封闭期**：有些银行理财产品的投资封闭期就是指募集期，但有些银行理财产品的投资封闭期介于募集期和开放期之间。这段时间内，投资者不能申购或赎回理财产品。

◆ **开放日**：指投资者可以进行申购或赎回操作的第一天，一般为募集期或封闭期过后的第一天，也是开放期的第一天。

◆ **开放期**：即投资者可以进行银行理财产品的申购或赎回操作的时间段，一般在募集期或封闭期之后。

3. 收益计算

不同类型的理财产品可能有不同的收益计算公式和分配规则，下面以工商银行的两款理财产品为例，介绍各自的收益计算公式和分配规则。

"工银灵通快线"理财产品是工商银行理财产品中现金管理类的一种，其风险等级为PR1。工商银行将根据市场利率变动及资金运作情况，不定期调整各档次预期最高年化收益率，并至少于新预期最高年化收益率启用前一个工作日公布。该产品将根据投资者当日理财产品账户余额及适用收益率按日计算收益，按季分红，分红权益登记日为每季季末月24日，分红资金在分红权益登记日后第3个工作日划入投资者的投资资金账户。在扣除销售手续费和托管费后，若产品未达到预期最高年化收益率，工商银行不收取投资管理费；在达到预期最高年化收益率的情况下，工商银行按照适用的预期最高年化收益率支付收益后，将超过部分作为银行投资管理费收取。

该产品的当期收益 $\sum_i = (R_i \times P_i)/365$，其中 R_i 为第 i 日的适用收益率，P_i 为第 i 日的理财账户余额。但在实际计算过程中，该产品的理财收益可直接计算，即理财收益 = 投资本金 × 预期年化收益率 × 实际投资天数 /365。假设某投资者用 5 万元购买了该产品，预期年化收益率为 2.1%，实际持有 180 天，则其可以获得的收益应该为 50000×2.1%×180/365 = 517.81（元）。

而"工银财富"全权资产委托系列产品——混合型均衡收益理财计划是工商银行推出的一款净值类理财产品，其风险等级为 PR3。银行将在该产品到期后或终止后付给投资者本金和收益。除此之外，该产品还会涉及清算，投资者一般要在清算期过后才能拿到投资本金和收益。当投资者的理财计划份额低于 2000 万份时，理财计划管理人有权终止理财计划。

该产品的收益主要与产品的单位净值和份额有关。其中，申购份额 = 申购金额 / 申购当日产品单位净值，也就是说，如果申购金额为 5 万元，申购当日的产品净值为 1.1773，则申购份额 = 50000/1.1773 = 42470（份）。这是没有考虑申购费率的理想情况，如果考虑申购费率，则份额会减少。另外，认购份额 = 认购金额 /1。该产品的收益 = [投资本金 /（1 + 申购费率）/ 申购日产品单位净值]× 赎回日产品单位净值 ×（1 — 赎回费率）— 投资本金。也就是说，如果投资者用 5 万元购买了该产品，购买日产品单位净值为 1.1773，而申购费率为 0，持有该产品长达半年，赎回费率也为 0%，赎回之日的产品单位净值为 1.1825，则投资者可以获得收益 = [50000/（1 + 0）/1.1773]×1.1825 ×（1 — 0）— 50000 = 220.84（元）。

4．风险与等级

要读懂一款银行理财产品，除了要分清楚几大日期并了解收益计算公式和分配方法外，还需要特别关注理财产品的风险等级。不管怎么说，风险等级是影响理财产品收益的一个重要因素。一般来说，风险等级高的理财产品，收益率相对较高，但是亏损的风险也会较高。因此，投资者在选择银行理财产品时，要综合考量产品收益率和损失风险的大小，不要盲目追求高收益而忽略了高收益背后大的亏损的可能性。

不同银行的理财产品风险等级使用不同的符号或标志表示，具体情况如下所示。

（1）工商银行以 PR 指标表示，分为 PR1、PR2、PR3、PR4 和 PR5 这 5 个等级，PR1 为低风险，PR5 为高风险。

（2）建设银行则使用警示灯表示产品的风险，警示灯的盏数越少，说明产品的风险越低，反之则风险越高。

（3）农业银行直接以文字叙述的方式对理财产品的风险等级进行描述，比如低、中低、中和高等。

（4）与农业银行一样，中国银行也直接用文字叙述的方式描述理财产品的风险等级。

（5）交通银行以字母 R 表示产品的风险等级，主要分为 6 个等级，1R（极低风险）、2R（低风险）、3R（较低风险）、4R（中等风险）、5R（较高风险）和 6R（高风险）。

（6）招商银行和交通银行一样，使用字母 R 表示产品的风险，分为 R1（谨慎型）、R2（稳健型）、R3（平衡型）、R4（进取型）和 R5（激进型）5 个等级；另外，在招商银行理财产品的产品说明书中，还以 A1、

A2、A3、A4 及 A5 来表示产品的风险等级，A1 风险最低，A5 风险最高。

这里只列举国内大型商业银行的理财产品风险等级表示方法，其他银行的理财产品风险等级表示方法就不再赘述，投资者可以咨询相关银行的工作人员做详细而具体的了解。

5．为什么排队也买不到产品

从 2. 理财产品几大日期的解释部分，我们可以得知，银行理财产品有募集期。这一募集期对投资者来说是非常重要的，很多理财产品在募集期还没结束时就已经达到了银行规定的认购上限，等到了产品的开放期时，其他刚得知消息的投资者就没有份额可供申购，这就是为什么很多投资者排队购买银行理财产品却买不到的原因。

■ 银行理财产品太火爆

银行理财产品在 2014 ~ 2016 年期间，受到广大投资者的青睐和追捧，其火热程度是投资者们有目共睹的，所以会出现募集期就被人抢完，而开放期投资者排队也买不到银行理财产品的尴尬局面。除了银行理财产品这一客观的外部环境导致投资者排队也买不到产品外，还有一个主观原因，即募集期产品不计息。

■ 投资者想避开不计收益的募集期

大多数银行理财产品，规定在募集期内投资者购买的产品不计算收益。也就是说，投资者在募集期认购产品，投入的资金相当于只是放在了理财账户中，并没有获取收益。因此，很多投资者都不愿意将资金过早地购买理财产品，都想在产品的开放期进行申购，如果申购时间在银行规定的标准内，很有可能当天就开始计算收益，这样投资者就会认为资金的效益提高了。虽然这样做确实能保证资金与时间的充分衔接，但却因此错过了购买理财产品的最佳时机，到了开放期，理财产品已经被其他投资者在募集期抢光，所以就算排队也买不到银行理财产品了。

🌐 3.3 玩转不同投资渠道的理财产品

> 银行理财产品除了可以根据投资风险和投资对象等划分种类外，还可以根据不同的投资渠道划分出不同的种类，如外币理财产品、证券理财产品及国债理财产品等。下面就来看看不同投资渠道的理财产品各有怎样的特点。

1．投资外币的理财产品

银行中投资外币的理财产品简称为外币理财产品，是商业银行推出的一种表外业务。与银行人民币理财产品不同，外币理财首先要求投资者将人民币兑换成外币，一般是欧元、美元、澳元、港元和加元等国际货币。

外币理财产品又可以分成很多种类，按其挂钩标的不同分为利率／汇率挂钩、外汇挂钩、指数挂钩、股票篮子挂钩和债券基金挂钩等；而按投资期限不同又可划分为短期、中期和长期外汇理财产品等。如表 3-1 所示的是国内四大银行中部分外币理财产品。

表 3-1　四大银行的部分外币理财产品简介

银行	产品名称	简介
工商银行	全球稳健系列开放净值型理财产品	无固定期限，起购金额为 1.6 万元
	"安享回报"套利 × 天欧元理财产品	截至 2016 年 8 月 25 日，有投资期限为 189 天和 98 天两种产品，起购金额为 0.7 万元

续表

银行	产品名称	简介
农业银行	"金钥匙·安心得利" 2016 年第 2109 期澳元理财产品	投资期限为 364 天，起购金额为 1.1 万元
	"金钥匙·安心得利" 2016 年第 2108 期美元理财产品	投资期限为 359 天，起购金额为 0.8 万元
中国银行	中银汇增 –A 计划美元 2016 年第 111 期	投资期限为 181 天，起购金额为 0.9 万美元
	中银汇增 –A 计划英镑 2016 年第 43 期	投资期限为 181 天，起购金额为 0.9 万美元
交通银行	汇添利港币 6 月	投资期限为 180 天，起购金额为 6.5 万元
	汇添利澳元 6 月	投资期限为 180 天，起购金额为 1.2 万元

　　从 2016 年 8 月 25 日更新的数据来看，建设银行没有外币理财产品。一般来说，外币理财产品的投资预期收益率并不高，几乎都不会超过 2%。同时，外币理财产品存在着如下所示的一些风险，导致外币理财产品并不受投资者欢迎。

◆ **投资本金风险**：外汇理财产品中的保本型产品提供的保本为到期保本，若到期日前投资者提前赎回，则没有 100% 本金保障，可能还会遭受本金损失。

◆ **投资收益风险**：投资产品的净值在到期日前的价格将受到包括利率水准及其波幅、投资策略以及到期时间等市场因素的影响。此外，与结构性存款相连接的标的外币理财产品会受许多因素的影响，包括标的资产价值、波动率的变化、发行人信用、汇率变化以及难以预料的经济、金融和政治事件等。

◆ **利率风险**：利率走势可能对外汇理财产品的市场价值产生影响。

◆ **汇率风险**：部分外汇理财产品以单一货币计价，非该种货币计价的理财产品如果进行转换，投资者需要承担一定的汇率风险。

◆ **流动性风险**：某些外汇理财产品流动性不高，投资者只有在银行拟定的最早赎回日之后才可以提前赎回。同时，根据条款规定，银行将对提前赎回业务收取一定的提前赎回费。

2．投资证券的理财产品

银行理财产品中，有很多是投资于证券的理财产品，这些理财产品的收益相对较稳定。其中，证券是多种经济权益凭证的统称，主要包括产权市场产品，如股票、债券、期权和利率期货等。证券投资类银行理财产品是由银行负责产品发售、登记和信息披露等，投资顾问做出投资决策建议，信托公司作为受托人监督并执行投资决策，投资方向为股票和基金等证券投资品种的一类理财产品。

有一种"证券投资类信托计划"与证券投资类银行理财产品类似，只不过证券类信托投资计划是由信托公司发行，投资顾问做出投资决策建议，银行负责产品的托管，投资方向为股票和基金等证券投资品的一类信托计划。两者之间存在一定的联系，在证券投资类信托计划产生后，基于银信合作的基础，银行更深层次地介入此类产品，进一步承担了产品的发售等更多角色，产生了证券投资类银行理财产品。

证券投资类银行理财产品的发行降低了证券投资类信托计划的发售门槛，使更多投资者可以借道投资证券投资类信托产品，大大扩大了这类产品的发售规模和范围，银信双方均有所获，所以各银行和信托公司应投资者的需求，积极合作发行此类产品。

投资证券的银行理财产品，其收益受到投资顾问投资能力的影响。但是这并不意味着银行对该类产品没有影响，因为银行在产品设计阶段对投资顾问的选择发挥着重大作用，投资顾问没有选好就会影响产品的后续发展。

因此，投资者要想保证自己的利益不受损害，在购买投资证券类银行理财产品时，一定要考察清楚投资顾问或投资顾问团队的办事效率、历史业绩及投资理念等详细情况。

【提示注意】

目前，银行中也有少部分投资于房地产的理财产品，由于房地产的收益波动较大，其前景存在很多未知数，所以投资房地产的理财产品的收益就不固定。同时，银行不能保证投资者本金的安全，因此并不太受投资者欢迎。而做得比较好的房地产理财产品是房地产信托、房地产基金和五色土。

3．投资国债的理财产品

很多银行都有代售国债的业务，投资者可以直接到银行购买国债，无须再到证券交易所开户购买。由于国债的发行主体是国家，所以它具有最高的信用度，被投资者认为是最安全的投资工具。

投资者到银行认购国债时，掌握一定的技巧可以促进认购手续的顺利完成。具体技巧如下所示。

（1）做好购买国债的前期准备，投资者必须有开通了国债账户的银行卡，某些银行还要求投资者有专门认购电子式国债的国债卡。

（2）提前咨询银行的营业时间，一些银行为了方便投资者购买国债，可能会在某些特定的时间统一销售，而不是任何营业时间都有销售。所以，如果投资者不事先问清楚，很可能错过这一特定时间。

（3）若最近的银行网点没有销售国债，或者已经售完，则投资者需要到该银行的其他网点或其他银行询问，因为大部分银行都有国债代售份额，一些中小银行的代售国债购买者少，能成功购买的可能性更高。

（4）投资者可以到商铺或写字楼较多的商业区附近的银行咨询，这些地方办理个人业务的人较少，投资者成功认购国债的概率较大。

（5）对于不习惯前往银行排队的投资者，可以通过银行卡网上银行购买国债。网上银行国债销售额度一般与柜台销售额度相同。同时开始，同时结束。购买到的国债通常情况下是存在银行卡上的，习惯持有凭证式国债的投资者可以在募集金额满后至银行柜台换取凭证式国债。

（6）投资者还可通过电话银行或手机银行购买国债。首先到银行开通电话银行国债买卖功能，然后在国债发售当天拨打电话银行认购国债。而手机银行认购国债需要开通 GPRS 功能，在银行申请手机银行功能，投资者可直接通过手机访问银行网页进行国债认购，但使用手机银行需要考虑 GPRS 流量所产生的费用。

3.4 银行理财产品的线下购买

随着经济和科技的不断发展，互联网给人们带来了诸多便利，投资者不出门也能理好财。但是，也有很多投资者习惯亲自到银行网点办理理财相关事宜，这样心里才踏实。所以，投资者了解线上和线下购买银行理财产品的流程、方法和风险规避等情况同样重要。

1. 银行理财产品的购买流程

无论投资者是到银行网点购买理财产品，还是直接在相关银行的网上银行上直接购买，都要在购买前进行风险测试，只有通过了风险测试，投资者才能进行理财产品的买卖交易。如果投资者要到银行网点购买理财产品，则需要在银行工作人员的指导下完成购买，具体步骤如图 3-1 所示。

1 投资者在银行工作人员的指导下进行风险测试。

2 通过了风险测试的投资者可以选择适合自己的产品。

3 投资者阅读产品说明书，了解产品的风险大小和收益率情况。

4 将产品存在的风险和收益率情况与自身风险承受力和预期收益做对比，确定是否购买该产品。

5 如果确认购买，则填写产品认购说明书。

6 确认认购信息填写准确后，抄写购买确认书完成购买流程。

图 3-1　银行网点购买银行理财产品的流程

如果投资者选择在网上购买银行理财产品，则需要确认自己已经做了风险测评，否则将会认购失败。下面以在工商银行网上银行购买理财产品为例，讲解大致的操作步骤。

Step01　进入工商银行网上银行并登录个人账号，将鼠标光标移动到首页上方的"个人业务"选项卡处，在弹出的菜单列表中单击"理财"超链接。

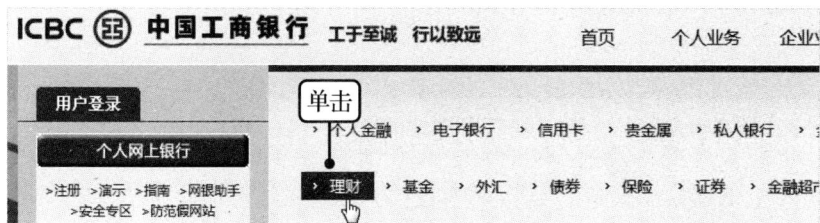

Step02　在打开的页面中单击"理财产品"选项卡，此时可以看到工商银行销售的理财产品列表。

Step03 在产品列表中，投资者选择自己感兴趣的或适合的产品，可先单击产品的名称超链接查看产品的具体内容，然后单击"购买"按钮。最后按照系统提示，支付购买理财产品的价款即可完成理财产品的购买。

2. 产品的组合购买

投资理财界有一句最著名的话就是"鸡蛋不能放在一个篮子里，要分散投资"。产品的组合购买就是分散风险的一种手段，将不同风险的产品组合在一起购买，既能达到预期的收益，又能规避投资理财产品的高风险，一举两得。下面以一个具体的实例来认识产品组合购买的好处。

向先生2015年大学毕业后即工作，到2016年，其成为了公司的高级销售专员，工资也有很大幅度的提升，工作一年也有了两万元存款。由于向先生觉得银行存款的利息太低，所以想要进行其他方式的理财。毕竟是年轻人，冒险精神尤其突出，在留足了3个月的生活费和租房费8000元后，其将剩余的1.2万元现金全部购买了某银行的某只股票型基金。已知向先生购买该只股票基金时的基金净值为8.00，申购费率为0，其想要等基金净值上涨后卖出。

但是，事与愿违，向先生在买了该只股票基金后的一个月时间里，净值不但没有大幅上涨，反而呈现下跌走势。起初下跌的情况还不明显，向先生以为这只是暂时的下跌，于是没有及时出手手中的股票基金。但后来该只基金的净值下跌情势凶猛，向先生这才决定赎回手中的股票基金份额。可此时基金净值已经跌到了6.7，如果向先生赎回手中的股票基金份额，由于其持有的期限没有在免赎回费率的标准内，所以要支付0.1%的赎回费，在不考虑其他费用的情况下，其获得的收益＝[12000/（1＋0）/8]×6.7×（1－0.1%）－12000＝－1960.05（元），即亏损1960.05元。

如果向先生一开始不把1.2万元全部投入到单一的股票基金中，而是只投入5000元股票基金，用剩余的7000元再购买该银行的另外一种理财产品。已知另外一种理财产品的预期年收益率为3.1%，这样一来，在不考虑其他费用的情况下，向先生在一个月后可以获得的收益为[5000/（1＋0）/8]×6.7×（1－0.1%）－5000＋7000×3.1%×1/12＝－798.6（元），即亏损798.6元，与不进行组合购买的情况相比，组合购买理财产品减少了1960.05－798.6＝1161.45（元）的亏损。

由此可见，组合购买理财产品可以减少很大的一笔投资损失，相应地降低了投资本金承受重大风险的可能性。

从上述的案例中我们可以看出，投资者在进行产品组合购买时，要把高风险产品和低风险产品进行组合，要把收益不稳定的产品与收益稳定的产品进行组合，总之就是要取长补短，分散投资，降低风险。

3．从时间上规避风险

时间对于投资理财活动来说是一个至关重要的因素，不仅会影响收益，还会影响产品的风险。为了使投资获得理想的收益，投资者可以从时间方面着手，规避投资风险，具体做法有如下几点。

◆ **风险高的产品进行短投**：很多投资者想要通过购买高风险的理财产品来获取高额收益，这种想法是可以理解的。但投资者要清楚，自己必须做出一定的风险防范措施来降低或规避风险，如购买高风险理财产品时，选择投资期限较短的品种，这样可以防止高风险产品收益率一直下跌带来的损失风险。

◆ **低风险产品做好时间衔接**：风险与收益成正比，低风险的理财产品收益率不会很高，投资者要充分利用时间，做好产品之间的时间衔接工作，让理财每天都能获得收益，避免理财产品的流动性风险，这样才能让低收益产品获得理想的收益。

◆ **分清楚银行理财产品的各种时间和日期**：银行理财产品的募集期并不计算在整个投资期限内，这一点需要投资者特别注意。如果不知道这一点，投资者很可能将募集期的天数计算到投资期限中，最后导致提前赎回理财产品，面临收益损失的风险。所以为了规避这样的风险，需要投资者分清楚理财产品的各种时间和日期。

◆ **及时关注理财产品的动态**：实时掌握理财产品的动向，就可以及时做出相应的投资决策，避免因为延误或错过买卖时机而造成收益甚至本金的损失。

04
. PART.

稳健型
银行理财

银行理财
之债券

银行理财
之基金

稳健理财，让银行成为会生钱的荷包

　　经济市场中，大部分人虽然都已经很了解银行这一理财
机构，但是对银行的理财产品却并不熟悉。而且投资者都已
经意识到，单纯地存钱并不能带来可观的利息收益。因此，
投资者需要了解更多的银行理财产品，让"死"钱"活"起来，
把银行变成会生钱的荷包。

4.1 稳健保本型银行理财产品

> 纵观整个金融市场，大部分投资者都希望自己购买的理财产品既没有太高的风险，同时又能享受可观的收益。类似于股票、外汇和期货这样的产品，要想做到稳健保本很不容易，但是银行理财并不缺少稳健保本型的产品。

1. 工商银行 PR1 理财产品

PR 是工商银行内部理财产品的等级，而 PR1 理财产品是指风险水平很低的产品。不同的银行，其评价风险等级理财产品的符号不同。

这类产品中，有的保障投资本金，且预期收益受风险因素的影响很小；有的不保障本金，但本金和预期收益受风险因素影响很小，且具有较高的流动性。如表 4-1 所示的是工商银行的一些 PR1 理财产品。

表 4-1　工商银行的 PR1 理财产品

类别	产品名称	概况
现金管理类	工银灵通快线	非保本浮动收益型理财产品，没有固定的期限，投资方向主要为低风险的投资品市场，交易起点金额为 5 万元
定期开放类	保本稳利 182 天	保本浮动收益型理财产品，没有固定期限，但最短投资期限为 182 天，投资方向为低风险的投资品市场，交易起点金额为 5 万元
	保本稳利 91 天	保本浮动收益型理财产品，没有固定期限，但最短投资期限为 91 天，投资方向为低风险的投资品市场，交易起点金额为 5 万元

续表

类别	产品名称	概况
定期开放类	保本稳利 63 天	保本浮动收益型理财产品，没有固定期限，但最短投资期限为 63 天，投资方向也是低风险的投资品市场，交易起点金额为 5 万元
	保本稳利 35 天	保本浮动收益型理财产品，没有固定期限，但最短投资期限为 35 天，投资方向也是低风险的投资品市场，交易起点金额为 5 万元

从工商银行官网公布的数据来看，PR1 理财产品的收益率在 2.1% ~ 3 .3%，明显低于其他风险等级的理财产品。但是，这样的收益率已然比银行存款的收益率高，流动性也比银行存款的流动性强。因此，工商银行的 PR1 理财产品收益稳健，适合大部分普通投资者的理财需求。

2．PR1 产品稳健，但不代表无风险

PR1 理财产品收益稳健，但并不说明其没有投资风险。科学地来讲，PR1 理财产品的投资风险很低，本金和收益受宏观政策和市场相关法律法规变化及投资市场波动等风险因素的影响较小。从严格意义上来讲，PR1 理财产品属于保守型理财产品。

这类理财产品经工商银行风险评估，适合保守型、稳健型、平衡型、成长型和进取型的有经验投资者和无经验投资者购买。

■ 适合购买 PR1 理财产品的人群

打算购买或已经购买了工商银行 PR1 理财产品的投资者，不要认为这是只赚不赔的买卖。事实上，对于保本浮动收益型的 PR1 理财产品，工商银行承诺本金的完全保障，但是在最不利的情况下，投资者也可能无法取得额外的收益；而非保本浮动收益型的 PR1 理财产品，工商银行并

不承诺本金保障。也就是说，在最不利的情况下，投资者可能无法取得额外收益，甚至还会面临损失本金的风险。

不过，总的来说，PR1 理财产品的预期收益都是可以达到的，除非发生大的国际军事事件或国家对国内银行进行了大规模的调整。

另外，银行也对投资者进行了投资风险承受能力评级，主要分为A1、A2、A3、A4 和 A5 这 5 个等级。一般来说，PR1 理财产品适合 A1 型的保守投资者，PR2 适合 A2 型的稳健投资者，PR3 适合 A3 型的平衡型投资者，PR4 适合 A4 型的成长型投资者，而 PR5 适合 A5 型的进取型投资者。

■ 购买 PR1 理财产品的注意事项

购买 PR1 理财产品，只能算是本金无忧，要想保证收益也能拿到手，还要看产品是不是结构性理财产品。结构性理财产品通常挂钩股指、股票、汇率和黄金等高风险标的产品，收益率是一个区间。投资者要参考标的资产在观察期内的表现，从而判断该 PR1 理财产品是否能够获取收益。

从大多数投资者的投资活动中可以看出，在未达到预期最高收益率的银行 PR1 理财产品中，大部分都是结构性理财产品。因此，投资者选择非结构性的 PR1 理财产品才有保本且获得收益的最大可能。

此外，投资者不能因为 PR1 理财产品的风险极小就忽视了对产品说明书的查阅。产品说明书中几乎包含了产品的所有信息，投资者认真阅读产品说明书，搞清楚其中的细枝末节，不懂的就及时询问银行工作人员，直到弄清楚后再做出是否购买的决定，这样也能降低投资风险。

根据 PR1 理财产品具有的特性，最适合这类理财产品的人群有两类，一种是年龄较大，对新投资渠道有较强抗拒心理的老年人；另一种就是只在银行存过定期存款的中青年。

3. 选择 PR1 产品的合适购买时机

投资者首先要明白，银行理财产品一般不能提前赎回。所以，如果投资者对资金的流动性要求比较高，就不适合买银行的理财产品，但可以购买一些具有明确投资期限的 PR1 理财产品，如表 4-1 中提到的保本稳利 35 天和保本稳利 63 天产品。

■ 季末或年末时购买

由于银行理财产品具有特殊时间性，投资者要想获得理想的收益，需要注重产品的购买时机，PR1 理财产品也不例外。银行每逢季末或年末都会比较缺钱，再加上业绩压力，银行需要向上级交出好的数字。因此，银行在季末或年末发行的理财产品，往往预期收益率比平时更高，投资者可以在这个时候购买银行理财产品。

当然，这种特殊时间性并不是一定存在，投资者需要时刻关注银行理财产品的动态，当出现收益率较高的 PR1 型理财产品时就果断买进。

■ 金融市场行情不稳定时购买

金融市场行情不稳定是指整个投资市场呈现亏损、收益极低或收益很不稳定的情势。国家一般不会轻易对银行做出调整政策，也很少干预金融市场的发展，所以金融市场的行情变化几乎是由市场供求、经济走向等方面的因素引起的。而 PR1 理财产品在这时一般不会受到太大的影响，投资者想要获取可观的收益,购买工商银行的 PR1 理财产品是很不错的选择。

■ 募集期过后购买

购买银行理财产品时要注意两个期限，一是募集期，二是投资期。购买工商银行的 PR1 理财产品，也一样需要注意这两个期限。通常情况下，银行会称其理财产品在资金募集期和清算期不享有收益，一般按活期存款利率计算利息收益。如果募集期太长而投资期太短，产品的实际收益率会被拉低很多。因此，投资者在募集期过后购买，即买即享收益。但这种情况只适合人气并不旺盛的 PR1 理财产品，如果是人气旺盛的 PR1 理财产品，可能在募集期还没有结束时就已经售完。

■ 募集期最后一天购买

有些投资者为了避免投资期买不到 PR1 理财产品的情况发生，又想避开募集期这一收益空白时间，就会决定在募集期的最后一天购买。这种做法合情合理，也是可以提倡的。同样，这种情况只适合人气不旺盛的 PR1 理财产品，这样才可以保证能够买到产品。

针对投资 PR1 理财产品的时机问题，投资者想要买到性价比高的产品，就需要考虑募集期问题。解决募集期问题的方法其实很简单，投资者尽量购买中长期的 PR1 理财产品，减少资金站岗问题，两个月以内的尽量不要买。

【提示注意】

资金站岗是指投资者已经投入到理财产品中的资金，暂时还未得到产品的收益确认，资金表面上已经购买了理财产品，但资金还未开始享受任何收益。

4.2 银行中的债券投资

银行理财产品中，不仅有前面提到过的综合类产品，还有投资标的非常明显的理财产品，如债券。债券的投资风险较低，受到很多投资者的青睐，很多投资者比较熟悉债券市场的投资，对银行中的债券投资却知之甚少。

1. 银行债券的种类

银行并不是什么债券都能发行，目前我国银行可以发行的金融债包括次级债、一般金融债、二级资本债、小企业金融债、混合资本债、香港人民币债券及同业存单等，下面就来了解具体的内容，见表 4-2。

表 4-2　银行债券的种类

债券名称	内容
次级债券	是一种偿还次序优于公司股本权益，但低于公司一般债务（包括高级债务和担保债务）的特殊债务形式。次级债券是次级债的一种，指在清偿顺序上排在存款和高级债券之后、优先股和普通股之前的债券品种
一般金融债	是银行等金融机构作为筹资主体为筹措资金，而面向个人发行的一种有价证券，是表明债务、债权关系的一种凭证
二级资本债	是商业银行为增加二级资本公开发行的债券，既可解决长期资金的来源问题，还能直接作用于下一步的业务和资产规模的扩张。对优化资本结构、提升公司效益及增强风险抵御能力都有重要意义，还有利于银行进一步强化资本约束，提升内部转移定价水平，引导业务向低资本消耗、高资本回报的方向发展
小企业金融债	是商业银行发行的、募集资金专享用于小微企业贷款的金融债券，与商业银行的一般金融债券偿还次序一样，优先于商业银行次级债和混合资本债
混合资本债	是针对《巴塞尔资本协议》对于混合（债券和股权）资本工具的要求而设计的一种债券形式，所募资金可计入银行附属资本。当银行倒闭或清算时，其清偿顺序在次级债之后、股权资本之前。这种债券的期限很长，要求在 15 年以上，且 10 年内不得赎回，10年后银行有一次赎回权，但需得到监管部门的批准
香港人民币债	一般指在香港的银行发行的人民币债券。2014 年上半年发行了 98只该种债券，发行规模为 1148 亿元人民币
同业存单	同业存单作为同业存款的替代品出现，是商业银行进行主动负债管理的重要工具，类似于银行向金融机构发行的短期债券。同业存单可以转让，但不能提前支取

【提示注意】

《巴塞尔资本协议》是国际清算银行（BIS）的巴塞尔银行业条例和监督委员会的常设委员会——巴塞尔委员会，于1988年7月在瑞士的巴塞尔通过的"关于统一国际银行的资本计算和资本标准的协议"的简称。该协议第一次建立了一套完整的国际通用的、以加权方式衡量表内和表外风险的资本充足率标准，有效遏制了与债务危机有关的国际风险。2004年6月26日，巴塞尔银行委员会又发布了《巴塞尔新资本协议》。

另外，银行还会代售一些债券，如国债。在财政部公布的承销团成员基本代销额度比例表中，各家银行代销国债的额度有显著差异，最多的是工商银行，其次是建设银行，再次是农业银行和中国银行，除四大行外，中国邮政储蓄银行和交通银行代销额度也较高，其他银行的代销额度较小。

需要投资者注意的是，同一家银行，网点的规模大小与代销额度没有关系。如表4-3所示为工商银行代销的部分国债种类。

表4-3　工商银行代销的部分国债种类

债券名称	期限（月）	票面利率／折合年化收益率（%）	到期收益率（%）
16 附息国债 16	36	3.15	2.1903
16 国开 12	12	2.35	2.3035
15 进出 18	12	2.7	2.2911
15 附息国债 27	12	2.41	2.1153
15 国开 22	12	2.49	2.2927
14 附息国债 29	120	3.77	2.7365
13 附息国债 23	60	4.13	1.9117
12 附息国债 21	120	3.55	2.745
11 附息国债 24	120	3.57	2.5991

续表

债券名称	期限（月）	票面利率／折合年化收益率（%）	到期收益率（%）
10 附息国债 41	120	3.77	2.5305
09 附息国债 32	84	3.22	2.0823
09 国债 23	120	3.05	2.4298
08 国债 25	120	2.9	2.3932
07 特别国债 08	120	4.41	2.2503
07 国债 10	120	4.4	1.7851

【提示注意】

国开是"国家开发银行"的简称，表示国家开发银行发行的金融债券；进出是"进出口银行"的简称，表示进出口银行发行的金融债券；特别国债是指具有特殊用途的国债，一般以提高收益为主要目标。各种债券前面的数字代表发行的年份，后面的数字代表发行的期数。

在一年中，国债和金融债都不会只发行一期，比如还有 16 附息国债 15、16 附息国债 14、16 附息国债 11、16 附息国债 10、16 附息国债 09、16 附息国债 07、16 附息国债 06、16 附息国债 05、16 附息国债 04、16 附息国债 03、16 附息国债 02、附息国债 01 及 16 国开 09 等。其他年份也是一样，都发行了很多期的债券。

表 4-3 中提到的数据，包括折合年化收益率和到期收益率，都只是参考，具体情况要以工商银行当地的网点公告为准。另外，客户的买入全价和卖出全价的情况也需要咨询当地银行网点，不同的网点可能存在一些细小的差异。

2. 看懂债券的内容

银行销售的债券与债券市场中的债券在手续、规定和收益等方面存在不同，但在内容上没有什么差别。投资者无论是在银行中购买债券还是在债券市场购买债券，都要能看懂债券的内容，这样投资者才能保证自己的经济利益不受到威胁和损失。表 4-4 将详细介绍债券的内容。

表 4-4　债券要素内容

债券要素	内容
债券发行人	是资金的借入者，一般是政府、金融机构和企业等
购买债券的人	是资金的借出者，即债券投资者
还本付息	债券发行人需要在一定时期内向投资者还本付息
债券面值	指债券的票面价值，是发行人在债券到期后应偿还的本金数额，与发行价格不一定一致，是债券上必须载明的内容
发行价格	指债券原始投资者购入债券时应支付的市场价格。理论上，债券发行价格是债券的面值和要支付的年利息按发行当时的市场利率折现所得的现值。但实际情况还需根据市场情势而定
票面利率	指债券利息和债券面值的比率，是发行人承诺以后一定时期支付给债券持有人报酬的计算标准。该利率的确定主要受到银行利率、发行者资信状况、偿还期限、利息计算方法及当时资金市场上资金供求情况等因素的影响，债券上必须载明该利率
溢价发行	债券发行价格高于面值，即企业发行债券的票面利率高于市场利率
平价发行	债券发行价格等于面值，即企业发行的债券票面利率等于市场利率
折价发行	债券发行价格低于面值，即企业发行的债券票面利率低于市场利率

续表

债券要素	内容
偿还期	指企业债券上载明的偿还债券本金的期限，也就是债券发行日至到期日之间的时间间隔。债券发行人自行设定偿还期，该偿还期也是债券上必须载明的基本内容之一
付息期	与偿还期一样，债券上必须载明。付息期是指企业发行债券后的利息支付时间，可以到期一次性支付，或者1年、半年甚至3个月支付一次。到期一次性支付的债券，通常按单利计算利息，而年内分期付息的债券，按复利计算利息
发行人名称	还有一个债券上必须载明的基本内容就是发行人名称。债券上载明发行人名称，目的是为债权人到期追回本金和利息提供依据

债券面值、票面利率、偿还期、付息期以及发行人名称这5个必须在债券上载明的基本内容，在发行时并不一定全部印制在票面上，很多情况下，债券发行者是以公告或条例形式向社会公布债券的期限和利率。如图4-1所示是中国银行1992年发行的一种金融债券。

图 4-1　中国银行1992年发行的一种债券

3．债券的收益计算

债券收益的衡量一般使用债券收益率这一指标，而债券收益率是债券收益与投入本金的比例，通常用年率表示。债券收益不同于债券利息，债券利息仅指票面利率与面值的乘积，而债券收益包括了利息收入和买卖盈亏差价。决定债券收益率的主要因素有票面利率、期限、面值和购买价格，因此，可以用最基本的债券收益率计算公式来计算债券收益率。

债券收益率＝（到期本息和－发行价格）/（发行价格 × 偿还期限）
×100%

由于债券持有人可能在债券偿还期内转让债券，所以债券的收益率还可分为债券出售者的收益率、债券购买者的收益率和债券持有期间的收益率，各自的计算公式如下。

债券持有期间的收益率＝（卖出价格－买入价格＋持有期间的利息）
/（买入价格 × 持有年限）×100%

债券购买者的收益率＝（到期本息和－买入价格）/（买入价格 ×
剩余期限）×100%

债券出售者的收益率＝（卖出价格－发行价格＋持有期间的利息）/
（发行价格 × 持有年限）×100%

下面我们通过一个例子来对这些公式进行理解。

王老先生刚退休不久，为了给自家资产增值，于 2016 年 7 月 28 日，以 99.9 元购买了工商银行的"16 附息国债 16"记账式附息国债，面值为 100 元，票面利率为 2.43%，发行价格为 100 元，每年支付一次利息，偿还期为 3 年。

若王老先生债券持有至到期，其获得的债券收益率为（100×2.43%×3＋100 － 99.9）/（99.9×3）×100% ＝ 2.47%。但如果王老先生在偿还期的第二年（2018 年）就以 102 元的价格转让卖出该债券，则其收益率为（102 － 99.9 ＋ 100×2.43%×2）/（99.9×2）×100% ＝ 3.48%。

从上述王老先生的例子中我们可以看出，债券收益的绝大部分其实来源于买卖盈亏差价，投资者持有至到期的债券，收益率远远达不到包含买卖盈亏差价的收益率。所以，很多债券持有者都会选择在债券到期日之前转让手中的债券。那么，由王老先生的例子我们还可以算出购买了王老先生出售的债券的人，持有至到期的债券收益率，即（100×2.43%×3 + 100 - 102）/（102×1）×100% = 5.19%。

银行只公布债券到期收益率，因此持有至到期的投资者可以不用自己计算收益率。但是，如果投资者在债券还没有到期之前就卖出手中的债券，则能获得的收益率就需要自己计算。

值得投资者注意的是，不同方式的国债，收益计算有区别。而且不同方式的国债起息日不同，电子式国债开始计息有统一的日期，也就意味着投资者即使是当月 10 日购买到债券，但起息日有可能是当月的 15 日，而凭证式国债的起息日就是投资者购买债券的当日开始计息的日期。

4．比其他人更早买到国债

投资者在债券发行日当天就可到银行购买债券，但是如果在债券市场上购买，则需要在债券上市流通日到来之际才能购买。上市流通日是指经财经部和人民银行批准新发行的国债可以上市交易流通的日期，即能在二级市场中进行买卖的起始日。不同的国债，其购买方式和流程也有不同。下面来看看 3 种国债的购买方式和流程。

■ 无记名式国债的购买

无记名式国债的面值一般为 100 元、500 元和 1000 元等，购买对象主要是机构投资者和个人投资者。无记名式实物券国债购买最简单，投资者可以在发行期内到销售无记名式国债的各大银行（包括中国工商银行、中国农业银行、中国建设银行和交通银行等）网点，持款填单即可完成购买。投资者还可以直接进入各人银行的官网购买国债，一般在官网上购买的国债即被称为电子式国债。

■ 凭证式国债的购买

凭证式国债主要面向个人投资者发行，其发售和兑付是通过各大银行的储蓄网点、邮政储蓄部门的网点以及财政部门的国债服务部办理。凭证式国债以百元为起点整数发售，投资者按面值购买。发行期过后，投资者提前兑取的凭证式国债，可由指定的经办机构在控制指标内继续向社会发售。投资者在发行期购买国债，也只需持款填单；在发行期后购买，对投资者来说只有计息日不同的影响，没有其他什么不同，但银行将重新填制凭证式国债收款凭单，投资者还是按照面值购买。投资者购买凭证式国债的时间就是起息日，兑付时按实际持有天数和相应档次利率计付利息。

■ 记账式国债的购买

记账式国债的购买程序很复杂，投资者需要先在交易所开立相应的账户，获得账户卡。没有开立账户的投资者，需要携带本人身份证到有代理开户资格的证券营业部办理开卡手续。

获得账户卡后，投资者需带本人身份证、账户卡（或国债账户卡、基金账户卡）和券商指定的银行存折，到代理本期国债的银行填写预约认购单，开立保证金账户并转入认购资金（一般1000元一手），然后办理认购手续。除金融机构外的各类投资者，都可在商业银行柜台开立国债托管账户买卖记账式国债，开户费为10元/户。

4.3 银行中的基金投资

银行除了可以代售一些国债外，还会代售一些基金产品。有的银行有自己的基金产品，比如工银瑞信。下面就来详细了解银行中的基金投资活动。

1．不同银行的基金种类

由于银行代售的基金有很大的差异，所以为了方便管理数据，各家银行会按照不同的分类依据将自家代售的基金进行分类，具体情况如表 4-5 所示。

表 4-5　各家银行代售的基金种类

银行名称	代售基金种类
工商银行	开放式基金、一对多专户和券商集合计划，截至 2016 年 8 月 1 日，中国工商银行没有代售的券商集合计划类基金。另外，工商银行还将代售的基金分成混合型、货币型、债券型和股票型
建设银行	主要有股票型、债券型、混合型、货币型和 QDII 型等基金
农业银行	主要分为保本型、债券型、混合型、货币型和股票型等。另外，还以基金主题这一划分依据将代售的基金分为 QDII 类、环保类、黄金类、军工类、能源类、大宗商品类、国企改革类、医疗保健类、金融地产类、民营经济类、城镇化改革类、消费与服务业、新兴产业类、装备制造业及资源品类
交通银行	面向个人投资者提供了公募基金、基金专户及券商集合资产管理计划等代理销售服务
中国银行	主要有股票型、混合型、债券型、保本型、货币型、LOF 型、ETF 型、创新封闭式基金和 QDII 型等
招商银行	主要有股票型、债券型、配置型、货币型和 ETF 基金
中信银行	根据代售基金的风险大小将基金分为股票型、激进配置型、标准混合型、保守混合型、保本基金、激进债券型、普通债券型、短债基金以及货币市场基金
民生银行	有货币型、股票型、普通债券型、短债型、基金专户、短期理财型、短期回购型、信托计划型及券商集合资金管理计划型等，这些都是民生银行截至 2016 年 8 月 1 日有基金只数的类型，还有一些没有基金只数的类型，如保守配置型和积极配置型
中国邮政储蓄银行	代销基金类型分为两大类，货币型和非货币型。另外，还有基金定投，基金定投又有 3 种类型，分别是小太阳、骄阳和夕阳红，小太阳和骄阳都是混合型基金，夕阳红中一部分是混合型，一部分是债券型

【提示注意】

QDII（Qualified Domestic Institutional），合格境内机构投资者。

LOF（Listed Open-Ended Fund），上市型开放式基金。

ETF（Exchange Traded Funds），交易型开放式指数基金。

投资者到相应的银行购买基金时，需要咨询银行的工作人员，了解具体的基金种类和具体内容，不能将其他银行的基金类型用来衡量当前银行的基金产品。

2. 七日年化收益率与每万份收益

七日年化收益率，是货币基金最近 7 日的平均收益水平进行年化后得出的数据；每万份收益是指货币基金的万份基金单位收益。

七日年化收益率和每万份收益都是货币基金范畴的概念，用来表示购买货币基金所获收益的指标。两者之间有一个公式：七日年化收益率＝（过去七天万份收益总和 /7）×365/10000。但是，这一公式要想有效，必须将复利因素排除掉。因此，用这个公式得到的七日年化收益率与实际公布的七日年化收益率略有差异。

例如，我们把 10000 元存入余额宝，2016 年 7 月 26 日～8 月 1 日的万份收益分别是 0.6434 元、0.6369 元、0.6409 元、0.6419 元、0.6418 元、0.6418 元及 0.6412 元，七天万份收益总和为 4.4879 元，所以七日年化收益率为（4.4879/7）×365/10000 ＝ 0.023401 ＝ 2.3401%，而余额宝公布的 2016 年 8 月 1 日的七日年化收益率为 2.3680%。

而在实际操作过程中，余额宝的收益是根据每万份收益来计算的，与七日年化收益率没有关系。既然这样，那么我们能不能不看七日年化收益率而只看万份收益呢？实际上，这样的做法也不可取。

对于货币基金来说，万份收益是每天都在变动的，而且有时候波动很大。投资者一般会有两个问题搞不清楚，一是货币基金最近收益究竟是上涨还是下跌？二是与其他理财产品相比，货币基金的收益是更高还是更低？此时投资者就需要借助七日年化收益率。七日年化收益率将每万份收益这种短期波动因素考虑在内，有利于和其他产品做对比。从长期来看，七日年化收益率比万份收益更有价值。所以，很多投资者在比较货币基金收益时，通常都是比较七日年化收益率。

■ 为什么七日年化收益率与每万份收益走势可能相反

一般来说，每万份收益上涨，七日年化收益率就会跟着上涨，但有时情况却恰好相反，七日年化收益率与每万份收益的走势是相反的，即一涨一跌，这是什么原因呢？下面来看看余额宝 2016 年 7 月 21 日～ 8 月 1 日的每万份收益和七日年化收益率情况，如表 4-6 所示。

表 4-6　余额宝 2016 年 7 月 21 日～ 8 月 1 日的每万份收益和七日年化收益率

日期	每万份收益（元）	七日年化收益率（%）
2016 年 7 月 21 日	0.6464	2.4240
2016 年 7 月 22 日	0.6481	2.4010
2016 年 7 月 23 日	0.6437	2.3970
2016 年 7 月 24 日	0.6436	2.3930
2016 年 7 月 25 日	0.6461	2.3880
2016 年 7 月 26 日	0.6434	2.3840
2016 年 7 月 27 日	0.6369	2.3780
2016 年 7 月 28 日	0.6409	2.3760
2016 年 7 月 29 日	0.6419	2.3720
2016 年 7 月 30 日	0.6418	2.3710
2016 年 7 月 31 日	0.6418	2.3700
2016 年 8 月 1 日	0.6412	2.3680

从表中我们可以看出，2016 年 7 月 28 日的每万份收益在 7 月 27 日的基础上是上涨的，而 28 日的七日年化收益率在 27 日的基础上是下跌的。

7 月 27 日的七日年化收益率对应的是 7 月 21 ～ 27 日的平均每万份收益，而 7 月 28 日的七日年化收益率对应的是 7 月 22 ～ 28 日的平均每万份收益。虽然 7 月 28 日的每万份收益上涨到 0.6409 元，但仍然远低于 7 月 21 日的 0.6464 元，所以会出现 7 月 28 日每万份收益上涨而七日年化收益率下跌的情况。

■ 从每万份收益走势判断七日年化收益率走势

每万份收益代表的是当日收益，而七日年化收益率代表的是历史收益。因此，每万份收益走在七日年化收益率的前面，所以投资者可以通过分析每万份收益来判断七日年化收益率的走势。如图 4-2 所示的是余额宝 2016 年 7 月 21 日～ 8 月 1 日的每万份收益走势图。

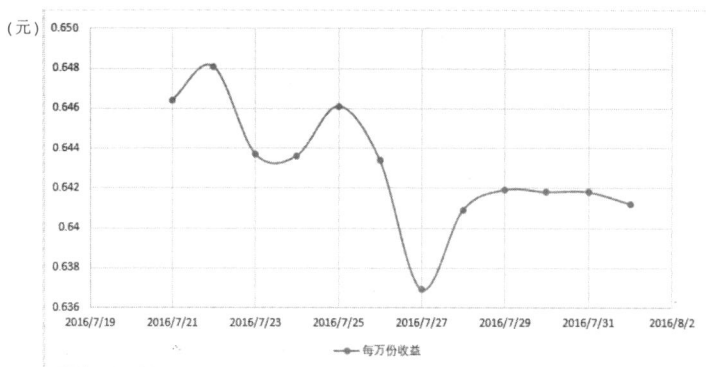

图 4-2　2016 年 7 月 21 日～ 8 月 1 日的余额宝每万份收益

从整体来看，这一段时间的每万份收益呈下降趋势，因此我们可以预测，余额宝的七日年化收益率呈下降趋势。而实际上，从表中的数据也可看出，七日年化收益率一直在下降。

当然，投资者要牢记前面内容提到过的一点，那就是每万份收益和七日年化收益率一般用在货币基金当中，其他类型的基金收益有其他一些计算方法，不要混淆。否则，计算得出的收益会有差异，最终导致自己投资错误。

3．基金净值与收益计算

基金净值也称基金单位净值，是当前的基金总净资产除以基金总份额。简单来说，基金净值就是每份基金单位的净资产价值，等于基金总资产减去总负债后的余额再除以基金全部发行的单位份额总数。

开放式基金的基金单位交易价格就取决于申购、赎回行为发生时尚未确知（但当日收市后即可计算并于下一交易日公告）的单位基金资产净值，与封闭式基金交易价格的确认（买卖行为发生时已确认的市场价格）不同。

开放式基金的单位总数每天都不同，所以必须在当日交易截止后进行统计，并与当日基金资产净值相除得出当日的单位资产净值。而基金往往分散投资于证券市场的各种投资工具，市场价格自然会不断变化，投资者一旦在银行买入了基金，银行也不能左右买入基金的价格。为了及时反映基金的投资价值，投资者可能会用到净值估算的方法。基金单位净值的估值是指对基金的资产净值按照一定的价格进行估算。而基金资产的估值有如下原则。

◆ 上市股票和债券按照计算日的收市价计算，该日无交易的，按照最近一个交易日的收市价计算。

◆ 未上市的股票以其成本价计算。

◆ 未上市国债及未到期定期存款，以本金加计至估值日的应计利息额计算。

◆ 如遇特殊情况而无法或不宜以上述规定确定资产价值时，基金管理人依照国家有关规定办理基金净值估值。

基金净值是基金本身的价值，而基金收益是基金资产在投资运作过程中产生的超出自身价值的部分。具体来说，基金的收益包括基金投资所得红利、股息、债券利息、买卖证券价差和其他收入等种类。

如果投资者购买的是股票型基金，那么基金收益就是对发行该股票的公司的净利润分配所得；如果投资者购买的基金投资于公司的优先股，那么基金收益就是因购买公司的优先股权而享有的对该公司净利润的分配所得。股息和红利两者的区别在于，股息通常是按一定的比例事先规定的，而红利是依据企业最终收益来确定。

同理，债券利息是指投资者购买的基金投资于债券，定期获得的利息；买卖证券价差是指基金资产投资于证券而形成的价差收益，通常也称资本利得。另外，其他收入是指运用基金资产带来的成本或费用的节约额，比如基金因大额交易而从银行或券商处得到的交易佣金优惠等杂项收入，这部分收入的数额一般较小。下面介绍基金收益的两种计算方法。

（1）内扣法：份额 = 投资金额 ×（1 - 认购或申购费率）/（认购或申购当日净值 + 利息）

收益 = 赎回当日单位净值 × 份额 ×（1 - 赎回费率）+ 红利 - 投资金额

（2）外扣法：份额 = 投资金额 ×（1 + 认购或申购费率）/（认购或申购当日净值 + 利息）

收益 = 赎回当日单位净值 × 份额 ×（1 - 赎回费率）+ 红利 - 投资金额

银行销售自己的基金产品或代销其他基金公司的产品，会收取一定的认/申购费和赎回费。大部分基金公司自身会采用外扣法计算基金收益，因为投资者投入同样的申购金额，外扣法购买的份额会更多一点。例如，如果投资者投入 10000 元购买基金，用内扣法计算收益时，实际用于购买份额的资金已经不足 10000 元；而外扣法计算收益时，实际用于购买份额的资金就是投入资金 10000 元。那么银行基金的收益又该如何计算呢？下面以一个具体的例子来说明。

黎先生于 2015 年 1 月 14 日申购了 10000 元的某银行精选基金，申购费率为 1.5%，申购当日的基金净值是 5.123 元，那么其用于购买基金的金额为 10000/（1 ＋ 1.5%）＝ 9852.22 元，申购的基金份额为 9852.22/5.123 ＝ 1923.13 份。2015 年 2 月 23 日，该银行精选基金分红，每份基金份额派发红利 0.5 元，黎先生选择现金分红。因此，获得红利收入为 1923.13×0.5 ＝ 961.57 元。

黎先生持有该银行精选基金至 2016 年 7 月 20 日赎回，当日基金单位净值为 5.421 元，赎回费率为 0.2%，则黎先生赎回时可获得的现金为 9852.22×5.421×（1 － 0.2%）＝ 53302.07 元。和期初黎先生的投资成本 10000 元相比，差价为 53302.07 － 10000 ＝ 43302.07 元。如果将红利计算在内，黎先生投资该银行精选基金的收益为 43302.07 ＋ 961.57 ＝ 44263.64 元。

4．一只基金的投资流程

不同的基金类型，其投资流程有些许差异，这里我们以开放式基金的投资操作流程为例，讲讲具体的步骤。

（1）阅读有关法律文件。投资人购买基金前，需要认真阅读有关基金的招募说明书、基金契约、开户程序和交易规则等文件，了解基金的投资方向、策略、目标、管理人业绩、开户条件及具体交易规则等重要信息，对准备购买基金的风险和收益水平有一个总体评估，据此做出投资决定。

（2）开立基金账户。投资人买卖开放式基金，首先要开立基金账户。按照规定，有关销售文件中对基金账户的开立条件和具体程序需予以明确。

（3）购买基金。投资人在开放式基金募集期间，基金尚未成立时购买基金单位的过程称为认购，通常认购价为基金单位面值加上一定的销售费用，投资人认购基金应在基金销售点填写认购申请书，交付认购款项，在银行或注册登记机构办理有关手续并确认认购；在基金成立后，投资者通过银行或销售机构申请向基金管理公司购买基金单位的过程称为申购，投资人申购基金时通常应填写基金申购申请书，交付申购款项，一经交付，申购申请即为有效，具体申购程序会在有关基金销售文件中详细说明。

（4）卖出基金。与购买基金相反，投资人卖出基金是把手中持有的基金单位按一定价格卖给基金管理人并收回现金，这一过程称为赎回。投资人赎回基金通常应在银行或其他基金销售点填写赎回申请书。按照《开放式证券投资基金试点办法》的规定，基金管理人应当于收到基金投资人赎回申请之日起 3 个工作日内，对该交易的有效性进行确认，并自接受基金投资人有效赎回申请之日起 7 个工作日内支付赎回款项。

此外，对于开放式基金来说，投资人除了可以买卖基金单位外，还可以申请基金转换、非交易过户和红利再投资。

◆ **申请基金转换**：指当一家基金管理公司同时管理多只开放式基金时，基金投资者可以将持有的一只基金转换为另一只基金。即投资者卖出一只基金的同时，买入该基金管理公司管理的另一只基金。如果投资者在银行里面购买基金，则可以向银行提出基金转换申请，通常转换费用非常低，甚至可以免费转换。

◆ **非交易过户**：指在继承、赠与和破产支付等非交易原因情况下发生的基金单位所有权转移的行为，非交易过户也需要到银行或其他基金销售机构办理。

◆ **红利再投资**：基金现金分红时，基金持有人将分红所得的现金直接购买该基金，将分红所得转为持有基金单位。对基金管理人来说，红利再投资没有资金流出。因此，红利再投资通常不收申购费用。

5．如何成为基金投资高手

基金投资的风险高是众所周知的事实，想要成为一名基金投资高手，高超的投资策略并不是关键。因为市场在不断变化，策略再好，应对变化的市场时也会产生滞后性，甚至有些时候会"聪明反被聪明误"，还不如"脚踏实地，稳扎稳打"地做好基本工作，然后再结合一些让自己不至于亏损的妙招，保证自己不亏钱。赚大钱不一定要证明自己是基金投资高手，保证自己投资几乎不亏本才是高手。

■ 把握时间

不管是基金投资还是其他金融工具的投资，时间是一个关键性因素，掌握好投资过程中各个阶段的时间，将为投资盈利铺好道路。

比如，投资者最好能开通网上银行，在网上银行直接购买自己想要投资的基金，省去银行排队所要浪费的时间。同时，还能避免银行工作人员推荐某只或某些基金的情况。

如果投资者进行基金定投，则尽量不要选择 1～8 号，因为这几天会遇到每年的元旦、春节、五一及国庆等假期，银行或基金公司的基金业务会暂停，假期过后的第一天才定投扣款，但基本上这一天的证券市场都会呈上涨趋势，基金净值较高。另外，如果定投基金不止一只，则最好不要在同一天定投，可以按照每月天数平均分开定投。如果投资者有充足的时间，还可以利用网上银行每月修改定投日期，但尽量设置为星期四或星期五，一般这两天证券市场下跌得多，投资者以同样的金额可以买到更多的基金。

■ 选择银行和基金品种

各大银行一般会代售很多基金管理公司的基金产品，甚至有些银行还有自己的基金产品。投资者在看好一只基金或数只基金时，可以在多家银行的网上银行对比其每万份收益或七日年化收益，综合风险大小和收益高低这两个因素，选择性价比更高的银行购买已经看好的基金。需要投资者注意的是，在这个过程中不能盲目选择基金收益高的银行，因为很可能收益与风险成正比，收益高的同时风险也高，投资者进行基金投资亏损的风险也就越高。

如果投资者很看好某一家银行的基金业务，则可以在该银行选择收益好的基金品种。银行和基金品种两个因素，可以作为分析变量，最好是将其中一个因素作为定量，则另一个因素为变量，对变量进行分析，从而选择出适合投资者的基金品种或银行。

■ 购买基金的金额有讲究

投资者如果是认 / 申购基金，则投资金额方面没有多大的差异，可以在银行网点办理，也可以通过网上银行办理。但如果投资者做的是基金定投，则在投资金额方面有很大的讲究。一般在银行网点办理基金定投时，投资金额最好不要超过 1000 元，若超过 1000 元，通过网上银行进行申购会节省一笔手续费，有时还会享受一定的折扣。

■ 基金投资过程的经验之谈

新基民刚开始投资基金，买卖要十分小心，可选择明星基金并长期持有，不获利绝不卖出，获小利就马上赎回。坚持不追涨、不贪心的原则，获利就比较容易，这也是保证不亏本的前提条件。随着基金投资时间的拉长，投资者学会了很多技术分析方法，并且还学会了波段操作，在不断地操作失败和成功的经历中学会如何规避风险。最后领悟基金投资的真谛，即不追涨、不贪心、坚持长期持有、不随波逐流、相信自己的判断且合理采纳别人的意见。

收益浮动
理财产品

银行中的
黄金投资

银行中的
外汇投资

银行中的
期货投资

期货的
交易

高端理财，在银行中玩转财富

　　银行理财产品并不只有前面提到过的低风险理财产品，还有一些高风险高收益的理财产品，如黄金、外汇和期货等。这些产品可以满足追求高收益的投资者的需求，让这些投资者在高收益中"乐开怀"。当然，投资者在享受高收益的同时，也需要承担较高风险。

5.1 收益浮动型银行理财产品

根据第 4 章介绍的银行理财产品风险分类情况，收益浮动型银行理财产品属于其中较高风险的产品。要投资较高风险的产品，投资者需要有雄厚的资金作后盾，并且要有强大的心理承受能力和风险承受力，否则基金投资活动很可能以失败告终。

1．工商银行 PR4 理财产品

工商银行根据风险的大小将理财产品划分为不同的等级，而 PR4 理财产品属于较高风险理财产品，这类产品不保障本金，风险因素可能对本金产生较大影响，产品结构具有一定复杂性。

该类理财产品针对的是成长型和进取型的有投资经验的投资者，具体的 PR4 的理财产品如表 5-1 所示。

表 5-1　工商银行的部分 PR4 理财产品

产品名称	概况
东方之珠代客理财	非保本浮动收益型产品，没有固定存续期限，产品将募集而来的资金转换成美元投资于有价证券、固定收益、开放式基金和货币市场产品，投资范围包括（但不限于）香港上市的蓝筹股、国企股、红筹股及亚洲的债券，交易起投金额为 30 万元人民币
东方之珠三期	非保本浮动收益型产品，没有固定存续期限，产品将募集而来的部分或全部人民币转换成美元等其他外币投资于股票、债券、开放式基金（股票型基金和债券型基金）、交易所交易基金、衍生金融工具、现金类资产、高流动性资产及权益类资产等，交易起投金额为 10 万元人民币

续表

产品名称	概况
第三期双重精选	非保本浮动收益型产品，没有固定期限，该产品募集而来的资金将通过信托计划或其他方式投资于证券投资基金和上市公司股票，也可以进行新股申购、债券和其他货币市场投资工具等投资，交易起投金额为 10 万元人民币
基金股票双重精选	非保本浮动收益型产品，没有固定期限，产品募集而来的资金投资于权益类和固定收益类投资工具，如上市公司股票、基金（不含货币基金和债券基金）、股权类信托、股票收益权信托、新股、可转债申购信托、银行存款、同业存款及结构化证券投资信托计划优先份额等，交易起投金额为 10 万元人民币
第二期双重精选	非保本浮动收益型产品，没有固定期限，该产品募集而来的资金将通过信托计划或其他方式投资于证券投资基金和上市公司股票，也可以进行新股申购、债券和其他货币市场投资工具等投资，交易起投金额为 10 万元人民币
工银财富系列工银量化理财－恒盛配置 CFLH01	非保本浮动收益型产品，没有固定期限，该产品主要投资于国内依法公开发行上市的股票、基金、交易所债券（含可转换债券和可分离债券中含有的权证等）、银行间债券、新股申购及结构化证券投资集合信托的优先份额等，交易起投金额为 10 万元人民币
高净值客户专属灵活配置型人民币理财产品 PZ1001	非保本浮动收益型产品，没有固定期限，主要投资于权益类和固定收益类投资工具，如上市公司股票、开放式基金（不含货币基金和债券基金）、封闭式基金、混合基金、可分离债券中含有的权证、存款、新股申购、债券、货币基金及债券基金等，交易起投金额为 10 万元人民币
工商银行专项代客境外理财产品二号 QD1004	非保本浮动收益型产品，没有固定期限，主要投资于在许可证券交易所 IPO（Initial Public Offerings，首次公开募股）上市新股和增发、配股及公开交易的股票，还投资公募基金（包括交易所交易的基金 ETF）、境内外银行存款、固定收益类投资工具及部分衍生金融工具等，交易起投金额为 30 万元人民币
东方之珠代客境外理财产品新兴市场投资机会 QD1005	非保本浮动收益型产品，没有固定期限，该产品募集的资金将平衡投资于境外与境内市场，境外范围是境外股票及股票型基金和投资级债券等，境内范围是投资级债券、债权项目、股权项目和存款等，交易起投金额为 10 万元人民币

截至 2016 年 8 月 2 日，工商银行的 PR4 理财产品都属于净值类，其他类别的理财产品中还没有 PR4 理财产品。

2．投资 PR4 理财产品不能一味地看重收益

工商银行的 PR4 理财产品是有着较高风险的产品，投资者在购买这些产品时，不能一味地看重收益而忽略了其存在的投资风险。这类较高风险的理财产品一旦投资失败，就会给投资本金带来较大的影响。

张女士是一家公司的高管，有着比较强烈的理财意识和较为丰富的投资经验。她在 2010 年 1 月 21 日时，用 10 万元购买了中国工商银行的一款 PR4 理财产品，该产品的预期收益率为 6.5%，风险收益特征属于风险适中且收益适中。一个季度过去了，银行向张女士说明了该产品的收益情况非常好。

张女士眼瞅着自己的 10 万元赚了不小的一笔钱，于是决定追加 10 万元的投资金额。可当她追加投资金额后没多久，市场中就传出了该产品亏损严重的消息，起初张女士还不相信，觉得前一个季度的收益状况那么好，不可能一下子就亏损得这么严重。为了寻求"真相"，张女士特地到银行咨询理财师，却得到了理财师的肯定回答，张女士不得不接受产品正在亏损的事实。

张女士的投资热情受到严重打击，没有经过深思熟虑就将手中的产品提前赎回。可市场好像故意跟张女士"作对"，在张女士赎回该产品两个月以后，产品的市场行情又开始上涨，从其发展势头来看，有超越前期高收益水平的可能。张女士悔不当初，投资信心也因此受到严重打击。

从张女士的投资案例来看，投资者在投资 PR4 理财产品时，如果一味地追求高收益而忽略了高收益背后存在的高风险，则很可能在极度欢喜

之后受到严重的打击。

此时，投资者如果像张女士一样被打击冲昏了头脑，则很可能错过扳回局势的时机，同时使投资资金遭受到严重损失。所以，投资者在投资PR4理财产品时，一定要保持清醒的头脑，不能被暂时的盈利或亏损影响了判断行情的理智心态，做到不骄不躁、稳中求胜。

3. 什么人适合玩高风险理财产品

工商银行的PR4理财产品属于风险较高的投资产品，针对的主要是成长型和进取型的投资者。因为PR4产品的风险较高，中国工商银行不承诺本金保障，产品收益随着投资表现的不同而变动。因此，PR4理财产品适合收入较高、投资经验较为丰富、风险偏好较高且风险承受能力较强的投资者。

■ 收入高不一定能做好高风险产品投资

目前，证券市场上并不缺有钱人，很多做理财投资的都是家里经济条件较好的人。然而，收入较高的人如果没有丰富的经验，轻易踏足高风险理财产品市场，很容易赔本，严重时可能导致家庭正常生活无法维持。

投资者收入再高，如果在做理财时没有一点理财经验，只是盲目地跟风追涨，在证券市场中很难站稳脚跟。而且收入高并不代表其风险承受能力强，风险承受能力不仅要看其资金的雄厚程度，还要看投资者的心态，即使有雄厚的资金作为投资支撑，但一遇到行情大起大跌就欣喜若狂或者惊慌失措，这样也会影响投资决策。

中国有一句古话叫作"强扭的瓜不甜"，投资者收入再高，如果其投资风险偏好并不高，对高风险理财产品不感兴趣，仅仅为了追求收益而进行高风险理财产品投资，很可能因为内心的抗拒心理或经验的缺乏而导致理财的失败。

■ 投资经验较丰富的人也要有资金和良好的心态

投资经验较丰富的人，其适应不同理财产品的能力较强，可以将不同理财产品的投资情况融会贯通。但是，这类人群要做好高风险产品理财，不可缺少的就是资金和良好的心态。

没有足够的资金，就算经验再丰富，在证券市场中也寸步难行。资金是投资者理财的动力，缺少资金就没有理财的资本，丰富的经验也就"无用武之地"。另外，经验丰富的投资者一般都在证券市场中摸爬滚打了很长时间，时间越长，投资者的患得患失心理也会越来越严重，理财的心态不好，遇到大赚时担心会大跌，于是终止理财行为，也可能因此错过更高收益；遇到大跌时，又抱着侥幸心理，以为产品行情一定会转好，不及时出手，造成资金的更大损失。所以，投资经验丰富的人，为了避免"聪明反被聪明误"情况的出现，需要有良好的心态。

■ 风险偏好较高的投资者不能光说不练

风险偏好较高的投资者确实适合高风险理财产品，因为风险偏好较高，说明其潜意识里是能够接受并承受高风险的，通常其投资心态也比较好。但是这类投资者如果没有资金，也没有丰富的经验，那么很可能只是空想，只想着理财，却没有资金和经验进行实际的理财活动。

光说不练的投资者真正接触到高风险理财产品时会不知所措，摸不着头脑，理不清头绪。在这样的状况下，进行高风险理财是很不明智的。

■ 风险承受能力较强的投资者要有丰富的经验

风险承受能力较强、资金较充足，且投资心态较好的投资者，在面对高风险理财产品行情低迷时能保持镇静，不因亏损而泄气，不因大赚而狂喜甚至放松警惕。但做到这些还不够，要想在高风险理财产品中获得稳定的收益，丰富的投资经验不可少。

所以，同时满足上述 4 个要点的投资者，才是最适合进行高风险理财产品投资的人。

4．购买 PR4 理财产品后的持有技巧

投资者在购买任何理财产品后并不会就此完事，最重要的环节就是对理财产品的持有与管理。投资者应随时关注所购买理财产品的信息披露情况，及时获取相关信息。下面来看看方便投资者操作的持有技巧。

- ◆ **长期持有**：购买 PR4 较高风险理财产品，需要坚持长期持有，这样一来，投资过程中的亏损和盈利可以达到抵消平衡的状态，投资者资金亏损、理财失败的可能性可以降低。

- ◆ **随时关注信息**：较高风险的理财产品，其每天的行情变动都会比较明显，甚至变动很大。投资者如果不及时关注信息，很可能错过最佳的赎回时机或者获得更高收益的机会。

- ◆ **保持良好的心态**：良好的心态不仅能稳定投资者的负面情绪，更能帮助投资者建立投资信心。投资者在持有理财产品期间，会遭遇各种各样的问题和麻烦，良好的心态可以让投资者保持大脑清醒，及时想出解决问题和麻烦的办法，避免遭受经济损失。

- ◆ **习惯记账**：高风险的理财产品，其收益变动较大，有充足时间的投资者可以自行计算收益情况，然后配合记账，及时了解自己的盈亏情况，进而做出准确的继续持有或卖出决定。

- ◆ **分散风险持有**：投资者在购买 PR4 较高风险的理财产品时，可以将资金投资于不同的理财产品。以工商银行为例，PR4 理财产品

并不只有一种，投资者将资金分散到不同的产品中，因为产品的收益情况变动并不一致，所以当其中一种产品出现亏损时，另外的产品可能正在盈利，则此时投资者的资金可以达到盈亏抵消的效果，使投资者不至于产生"一亏即亏"的无奈。

投资者在银行购买 PR4 理财产品时，持有一定要坚定，该出手时就出手，决不能因为收益一路飙升而盲目地追加投资或者继续持有，"见好就收"在高风险的理财产品投资中是至理名言。

5.2 银行中的黄金投资

黄金本是一种质地较软的金黄色的抗腐蚀的贵金属。由于其本身具有价值，所以随着市场的需求变化，逐渐成为了一种商品。不仅如此，黄金还因为其保值增值的功能而成为投资市场中一种备受欢迎的投资工具。

1. 如何从银行购买实物黄金

实物黄金就是能够真实触摸到的黄金，如金条、金币和金饰品等，如图 5-1 所示。

图 5-1　金条（左）、金币（中）和金饰品（右）

实物黄金买卖包括金条、金币和金饰品等交易，以持有黄金作为投资。实物黄金只有在金价上涨的时候才可以获利，相比于金条和金币，金饰品不适合投资。投资者需要明白，持有实物黄金并不会产生利息收益。

作为保值购买的黄金一般是金条和金币，黄金饰品一般以观赏为目的。目前市场中的各大银行都有销售实物黄金，只是向投资者收取的加工费不同。另外，同一家银行中的不同实物黄金品种的收费标准也会有一定的差异。

投资者从银行购买黄金的过程比较简单，只需持现金或储蓄卡（折）以及身份证等有效证件，即可到银行按银行公布的价格进行购买，银行为投资者开立发票和成交单等凭证，最后，投资者可以带走黄金。但是为了保证黄金的安全，很多投资者都选择委托银行帮自己保管。由于实物黄金的调配需要时间，投资者一般需要提前预约，而且每次去柜台买卖黄金时还需要进行黄金的质量检测程序，所以实物黄金投资不适合短线投资者。下面介绍部分银行的部分实物黄金产品及购买方法。

■ 工商银行"如意金"

"如意金"是工商银行自行设计并拥有自主品牌的实物黄金产品，除"如意金条"外，工商银行在 2008 年 9 月 26 日还推出了"如意金钱"。"如意金"并不提供代保管，投资者可选择立刻提金，或是另行申请银行的保险箱业务，然后按规定缴纳一定的保管费。

"如意金"提供回购业务。如果投资者在上午回购，则价格以 AU99.99 黄金的每日开盘价为基础下浮 3 元；如果在下午回购，价格以黄金交易所下午第一笔黄金的成交价为基础下浮 3 元。回购时间为每周一至周五的 9:30 ~ 11:30 和 13:30 ~ 15:30。

购买"如意金"的办理时间为工商银行营业时间，即每周一至周五的

9:30 ~ 16:30，周日购买"如意金"将沿用周六当天的买入价格。投资者购买"如意金"时，不需要支付加工费。

■ 建设银行"龙鼎金"

建设银行的"龙鼎金"是其自行设计并拥有自主品牌的实物黄金产品。投资者购买了"龙鼎金"以后，如果不及时提金，中国建设银行将收取指定块号的金条代保管费；如果投资者不指定块号，则银行免收代保管费。

"龙鼎金"的价格以国际黄金市场报价为基础每日浮动，由于存在制作和运送成本，其每克售价要高于同期黄金市场报价。此外，投资者在购买时还要另外缴纳包装费。

"龙鼎金"也有回购业务，建设银行会按照回购当日的买入价格对无缺损的金条予以回购。"龙鼎金"购买回购的办理时间为每周一至周五的9:30 ~ 15:00。

【提示注意】

2016 年建设银行金隆重推出了"建行金·猴年贺岁"猴年如意金条系列产品，包括猴（百福具臻）、金猴庆丰收、金猴纳福、五猴贺岁金条、灵猴如意及顽猴宝贝等。每一种金条的大致购买流程相同，可能少数具有特殊性的金条存在细微差异。

■ 农业银行"传世之宝"系列

"传世之宝"系列是中国农业银行自行设计并拥有自主品牌的实物黄金产品。投资者通过农业银行网点的黄金产品展示柜或产品宣传手册选定黄金产品，填写并提交购买凭证，银行查询销售价格并提交业务系统处理，接着投资者和银行办理款项结算，银行登记黄金产品信息后将黄金产品和发票交付给投资者。

与"如意金"和"龙鼎金"一样，"传世之宝"系列的实物黄金也有回购业务，投资者携带身份证、原始购买凭证、鉴定证书、购回证书、农业银行借记卡及包装和防伪标记等完好的黄金产品，到开办本业务的银行网点填写黄金购回凭证，并将黄金实物和有关材料提交给银行，银行进行黄金产品购回鉴定，对符合购回标准的黄金产品予以收取并进行登记，然后查询购回价格并提交业务系统处理，双方办理款项结算即可完成回购。"传世之宝"交易时间为 9:30 ~ 15:30，如果有变动，以银行通知为准。

■ 中金黄金"中国黄金投资金条"

"中国黄金投资金条"是中金黄金和世界黄金协会联手推广的实物黄金，投资者只需在实时金价的基础上每克加 8 元就可购买，而卖出价需参照实时金价的卖出价。

"中国黄金投资金条"的实时交易金价主要参照上海黄金交易所的行情，若上海黄金交易所处于停牌期，则参照国际黄金实时价格，周六下午及周日全天参照周六上午国际现货金价的收盘价。

消费者购买金条以后，可随时在中国黄金旗舰店或其他指定金店直接变现，变现时参照实时金价每克收取 3 元手续费。

2．通过银行买卖纸黄金

目前市场上很多银行都可办理纸黄金业务，投资者只需携带身份证和不低于购买起点金额的现金或银行卡，就可到银行开设纸黄金买卖专用账户。通常情况下，投资者在进行纸黄金买卖时，还需开通网上银行，为了及时且方便地交易，投资者很多时候都是在网上买卖纸黄金。下面以在中国银行购买纸黄金为例，介绍一下具体的流程。

◆ **检验自身是否满足申办条件：**投资者需要拥有完全民事行为能力，

并持有有效身份证件；需要投资者在中国银行联网网点开通个人本外币存款账户（活期一本通存折或借记卡）；投资者需要通过电话银行交易的，必须在柜台办理电话银行的开户手续，开通网上银行及投资业务；账户贵金属买卖只允许用美元或人民币进行交易，且首次开立贵金属账户必须先做买入贵金属交易。

◆ **投资者提供资料：** 投资者向中国银行提交有效的中国银行个人本外币存款账户证明，并且购买之前账户中需要有足够的金额，卖出时必须有足额账户人民币或美元；与中国银行签订投资业务协议书；通过柜台方式交易时，签字确认中国银行账户贵金属买卖凭条。

◆ **开通业务并进行交易：** 投资者可到中国银行的各分行下属支行和营业网点申请开办账户贵金属买卖业务，并根据需要开通电话银行和网上银行等业务。若客户尚未开立储蓄存款账户，应开立可以办理账户贵金属交易的储蓄存款账户并存入一定资金。纸黄金的交易时间为每周一7:00到周六凌晨2:00，部分国家节假日除外。

投资者在购买纸黄金时，一般没有手续费，但银行会收取单边佣金（点差），即买入价和卖出价之间的差价。通常办理纸黄金业务，银行会收取每克少于1元不等的点差。其中，部分银行对大额交易提供优惠，比如购买10000克（含）以上的点差为0.5元/克，也就是说购买量越大，点差越小。

秦女士一直在研究理财产品的投资，最近以290.33元/克的价格买入了100克某银行的纸黄金，但是系统显示买入价涨到290.83元/克以上才能盈利。这说明该银行向秦女士收取了0.5元/克的点差。

如果秦女士在金价为290.82元/克时回购纸黄金，则扣除点差后，秦女士的纸黄金投资实际上是亏损的。如果投资者经常在这样的情况下频繁买卖纸黄金，则需要付出更多的点差费用，到最后不但没有获得任何收益，反而因为较高的点差费用致使纸黄金投资失败。

【提示注意】

国内目前只有银行在销售纸黄金，纸黄金通常是全款交易，没有杠杆，这一点也是纸黄金和现货黄金的本质区别。进行纸黄金理财，需要注重交易的季节性，控制好交易的节奏，把握好离场的时机，否则很容易亏损本金。

3. 银行黄金T+D投资

黄金T+D是指由上海黄金交易所统一制定的、规定在将来某一特定的时间和地点交割一定数量标的物的标准化合约。这种买卖是由转移价格波动风险的生产经营者和承受价格风险而获利的风险投资者参加的。

黄金T+D的手续费高于期货，低于实物黄金，与股票相当，风险介于期货和股票之间。另外，与黄金期货相比，黄金T+D在持仓期间会发生每天合约总金额0.2‰的递延费。

黄金T+D有夜场交易，并且没有固定交割日期，投资者可以一直持仓。目前，国内有很多银行都开通了黄金T+D理财产品，如工商银行、民生银行、兴业银行、广发银行、浦发银行、深圳发展银行、恒丰银行及中信银行等，这些银行办理黄金T+D的操作流程基本相同。

■ 开户

很多银行在办理黄金T+D开户时都不能通过网上银行直接实现，需要通过银行及其他代理机构在上海黄金交易所开户（以下简称"金交所"）。

投资者携带本人有效身份证的复印件一份（正反面）和相应银行的存折或借记卡的复印件一份（必须是开户人本人），同时还需在存折或借记卡的复印件上背书账号或卡号；接着，投资者要用规定的笔填写协议，通常协议中的必填项有姓名、证件类型、证件号码、开户银行、银行账号、电话、邮箱及住址等；填写完毕后，银行经办人要签字并填写页码；最后投资者填写"银金直通车"业务协议书，注意一定要与开户协议资料一致，签名后完成开户操作。

■ 交易

黄金 T+D 的交易分日市和夜市，日市为每周一至周五（国家法定节假日除外）的 9:00 ~ 11:30 和 13:30 ~ 15:30；夜市为每周一至周五（国家法定节假日除外）的 21:00 ~ 2:30。每日 21:00 开盘到次日 15:30 收盘为一个交易日，由于黄金 T+D 这一交易时间特点，再加上其波动活跃的时间恰好是晚上，所以非常适合白天需要上班的投资者。

在银行投资黄金 T+D 业务，投资者除了向银行缴纳保证金和手续费之外，有时还需缴纳延期费和超期费。由于黄金 T+D 采用的是保证金交易方式，所以投资者可以在合约交易当天去银行完成交割，也可以向银行申请办理延期交割，只是这时就会启动延期补偿费机制。

如果投资者连续持有延期合约的时间超过金交所公告期限，金交所会根据市场持仓情况对超期持仓加收超期费。

■ 提货

以建设银行的黄金 T+D 投资为例，投资者在交割完成后如果需要提货，则可在交易时间内通过建设银行网点柜台服务或网上银行发起提货申请，并在每周五（节假日除外）与建设银行指定的提货人一同前往金交所指定仓库提取实物。

【提示注意】

现货黄金是一种国际性的股票，目前国内的银行还不能代售现货黄金，投资者只能通过各种有交易资格的公司在交易所开通账户并进行现货黄金买卖。

4. 银行中的黄金品牌如何选择

通过前面的学习，投资者可以知道，银行目前能销售或代售的黄金产品类型有实物黄金、纸黄金和黄金 T+D。不同类型的黄金产品，其收益和风险有很大的不同，具体情况如表 5-2 所示。

表 5-2　实物黄金、纸黄金和黄金 T+D 的对比

对象	实物黄金	纸黄金	黄金 T+D
发行主体或上市交易所	符合国家法定发行标准的银行或黄金公司	符合国家法定发行标准的银行或黄金公司	上海黄金交易所
交易方式	到银行填写购买实物黄金的凭单，结算款项	全额投入交易	保证金交易
持仓费用	没有持仓费用的说法，但可能会有代管费	没有	持仓期间将会发生每天合约总金额 0.2‰ 的递延费
交易通道	直接到银行办理付款提货	在银行开通纸黄金买卖专用账户	上海黄金交易所会员（黄金现货企业）
是否需要补仓	不需要	低位补仓	保证金账户中余额不足时就需要补仓
交割（交货）日期	有固定日期和无固定日期两种情况	没有交割的说法	没有固定日期
交易时间	无夜市，只在银行营业时间进行交易	有夜市，一天 24 小时都可以交易	有夜市，限定在一天内的几个时段交易，时段内可以任意买卖
有无杠杆	无	无	有
涨跌买卖	只买涨不买跌	只能买涨不能卖跌	既可买涨也可卖跌
交易费用	加工费和手续费等	点差费	1.4‰ 左右的手续费，隔天交易要缴纳延迟费

实物黄金波动率低，周期性长，可有效对冲通胀风险和信用货币风险，而且在持有实物黄金期间不存在补仓的情况，投资者面临亏本的风险比黄金 T+D 和纸黄金低。相应地，实物黄金的投资收益没有纸黄金和黄金 T+D 的高，而且只有在银行营业时间内才能进行提货和交货，没有杠杆效应，投入资金较大，而且只能在金价上涨的时候才有盈利的机会。由此看出，实物黄金比较适合普通投资者。

纸黄金投资门槛低，变现快，交易费用低，并且不涉及实物黄金的提取，安全性较高。而且纸黄金一天 24 小时都可以交易，获利时间较长，可以有效分散理财风险。但是，纸黄金会出现低位补仓的情况，且因为没有杠杆效应，所以需要在购买产品时全额投入资金，投资成本高。同时，纸黄金只能买涨不能卖跌，因为银行会向投资者收取点差费，所以当纸黄金价格上涨时，投资者不一定盈利，只有价格涨到考虑点差费以后的价格之上才可盈利。因此，纸黄金投资适合喜欢稳健收益、对金价走势有一定判断能力的中小投资者。

【提示注意】

纸黄金低位补仓是指当纸黄金价格伴随国际金价一路走低，在下跌到某一价位时开始出现横盘整理，称为阶段性筑底。此时，投资者需关注金价反弹动力的强弱程度，一般与盘整时长成正比，留意是否出现利好金价的消息面，在消息面利好加之存在强势反弹需求时，可在该相对低位建多仓进场，并随着行情按预期波动而逐步增大仓位，故此称之为低位补仓。

黄金 T+D 与实物黄金相比，具有灵活的交易时间，且属于双向交易，投资者既可以买涨也可以卖跌，价格上涨或下跌时都有盈利的可能。另外，黄金 T+D 具备杠杆效应，投资者可以用较少的保证金购买产品，资金利用率高，可将本金放大 100 倍进行交易。不仅如此，黄金 T+D 的回报也很高，一般情况下投资相同的钱，黄金 T+D 赚的钱是纸黄金的 10 倍。但是，黄金 T+D 的风险也比纸黄金和实物黄金高很多，其杠杆效应不仅能放大收益，同时还会放大亏损。同收益一样，投资者投资黄金 T+D 失败时，其损失也会成倍增加。

例如，某投资者想要购买 10 万元的黄金 T+D，那么其只需缴纳 $100000×10\% ＝ 10000$ 元左右的保证金就能买到 10 万元的黄金 T+D。如果购买黄金 T+D 和纸黄金的金额都为 10000 元，在获得收益时，若收益率为 0.2%，则纸黄金的收益为 $100000×0.2\% ＝ 200$ 元黄金 T+D，投资者实际上可获得收益为 2000 元。这就是运用了黄金 T+D 投资的杠杆效应产生的效果。

除此之外，投资者如果隔天交易还会缴纳延迟费。所以，黄金 T+D 不适合做长线投资，只适合短期或中线交易。普通投资者不适合做黄金 T+D 投资，而年轻白领和有投资经验的人比较适合做短线的黄金 T+D。

【提示注意】

双向交易针对单向交易而言，不仅能先买入再卖出（做多），而且可以先卖出再买入（做空），这样投资者在价格下跌的过程中，可以通过做空来增加盈利的机会，即价格涨跌都有盈利的可能。

5.3 如何通过银行进行外汇投资

银行的理财产品中还有一类最常见的产品，即外汇。外汇是货币行政当局（中央银行、货币管理机构、外汇平准基金及财政部）以银行存款、财政部库券和长短期政府证券等形式保有的在国际收支逆差时可以使用的债权。那么，投资者要如何利用这一债权并通过银行进行外汇投资呢？

1. 看懂外汇的涨跌

外汇交易是以一种货币兑换另一种货币，其中，报价即为汇率，而汇率通常以第二种货币（作为计价货币）来表示第一种货币（作为基础币）的价格。汇率的标价有两种方法，如下所示。

◆ **直接标价法**：又叫应付标价法，以一定单位的外国货币为标准来计算应付出多少单位的本国货币。比如，美元与日元基础汇率为101.113，即投资者需要付出101.113日元才能兑换1美元。

◆ **间接标价法**：又称应收标价法，以一定单位的本国货币为标准来计算应收多少单位的外国货币。比如，美元与日元基础汇率为101.113，即投资者花费0.0099美元就能兑换101.113日元。

汇率的表达方式不同，其含义不同。美元汇率是指美元对其他货币的汇率，数据是由其他国家的货币金额除以一单位美元得来的。

比如，美元对人民币的汇率为6.6340，即以6.6340元人民币除以1美元得出的数据，即6.6340/1＝6.6340，说明1美元能兑换6.6340元人民币。

如果汇率下跌，如从6.6340跌到6.6100，说明投资者可以用更少的人民币兑换1美元，人民币升值而美元贬值，投资者当初以一定金额的人民币购买的美元价值已经下降；如果汇率上涨，如从6.6340涨到6.6500，说明投资者需要用更多的人民币才能兑换1美元，人民币贬值而美元升值，投资者当初以一定金额的人民币购买的美元价值上涨。

同理，人民币汇率是指人民币对其他货币的汇率，数据也是由其他国家的货币金额除以一单位人民币得到。

比如，人民币对美元的汇率为0.1507，也就是以0.1507美元除以1元人民币得出的数据，即0.1507/1＝0.1507，说明以0.1507美元就能兑换1元人民币。

如果汇率下跌，如从 0.1507 跌到 0.1300，说明投资者用更少的美元就可兑换 1 元人民币，美元升值而人民币贬值，投资者当初以一定金额投资的美元价值上升；如果汇率上涨，如从 0.1507 涨到 0.1730，说明投资者要以更多的美元才可以兑换 1 元人民币，美元贬值而人民币升值，投资者当初以一定金额投资的美元价值下跌。

由此我们可以看出，外币汇率的表达方式实际上相当于直接标价法，而以本国货币的汇率作为表达方式相当于间接标价法。

【提示注意】

在国际市场上，几乎所有的货币对美元都有一个兑换率，这个兑换率通常称为基准汇率。而一种非美元货币对另外一种非美元货币的汇率，往往需要通过这两种货币对美元的汇率进行套算，套算出来的称为交叉汇率。

2. 银行中的账户外汇

账户外汇是一种价格投资方式，不能将货币兑换成现金或用于直接消费。它其实是外汇账户的一种业务名称，采取只计份额、不支取实际外汇的形式，以人民币买卖多种外汇的投资交易产品。账户外汇既提供先买入后卖出交易，也提供先卖出后买入交易。

账户外汇的交易品种按照挂钩外汇种类不同分为账户欧元、账户英镑、账户加拿大元、账户日元、账户新西兰元和账户美元等品种。

账户外汇是账户类交易产品，账户中的外汇份额不能用于提取外币或转账汇款，投资者通常以人民币进行交易，但各币种账户外汇之间不能进行买卖。另外，账户外汇没有个人结售汇年度交易限额的控制，而且还有如下所示的一些优点。

首先，账户外汇的交易渠道便捷，投资者不仅可以到银行网点办理，也可以直接在网上银行进行交易；其次，账户外汇交易资金实时清算，即时到账，当天可进行多次交易，最大限度地提高了资金的使用效率；再次，账户外汇的交易门槛较低，而每种外汇的交易起点金额不同，投资者可以主动了解各银行的账户外汇交易门槛；最后，账户外汇的交易方式灵活，一般提供实时交易和挂单交易。其中，挂单交易又包括获利挂单、止损挂单和双向挂单。

【提示注意】

获利挂单指投资者挂单买入价低于当前银行卖出价或挂单卖出价高于当前银行买入价；止损挂单指投资者挂单买入价高于当前银行卖出价或挂单卖出价低于当前银行买入价。这两种挂单方式都是在交易报价发到客户挂单价格时，按挂单价格成交。另外，双向挂单指同时设立的一个获利挂单和一个止损挂单组合，组合中任意一项挂单成交时另一项挂单即自动失效。

账户外汇适合实需型投资者，以及有对外贸易、出国旅行、留学或海淘等需求的个人投资者。通过进行账户外汇相应品种先买入后卖出交易，可锁定该币种对人民币的升值风险；通过进行账户外汇相应品种先卖出后买入交易，可锁定该币种对人民币的贬值风险。

例如，王女士在休年假的时候，决定去新西兰旅游。聪明的王女士赶紧上网查询相关的外汇交易信息，在了解了一些产品后，决定用 18933 元人民币从工商银行买入 4000 新西兰元外汇（新西兰元对人民币汇率按 4.7333 计算，即 18933/4.7333 ＝ 4000）。由于王女士在去新西兰的前几天就购买了外汇，因此遇到外汇的价格波动情况。

当王女士到达新西兰后，发现汇率下跌为 4.68，王女士以 18933 元人民币购买的新西兰元价值上涨到 4045.51 元（18933/4.68 ＝ 4045.51）。也就是说，王女士最初计划使用 4000 新西兰元旅游，通过购买外汇，王女士实际有 4045.51 新西兰元用于旅游。

上述案例是建立在外币贬值的基础上考虑的，若是外币升值，那么这种理财方式可能会给投资者带来一定的麻烦。

例如，王女士还是用 18933 元人民币在工商银行购买 4000 新西兰元外汇（按新西兰元对人民币汇率 4.7333 计算），但不同的是，当王女士出发去新西兰前夕，汇率上涨到 4.83。也就是说，王女士以 18933 元购买的外汇只值 18933/4.83 ＝ 3919.88 新西兰元。原本能以 4000 新西兰元旅游的王女士只能以 3919.88 新西兰元旅游，很可能陷入在新西兰旅游时缺乏资金的窘境。

账户外汇还适合对外汇市场有一定研究的专业交易型投资者，可根据自身对外汇行情的把握，通过高卖低买或低买高卖两种方式获取价差收益。账户外汇周一 7:00 至周六 4:00 连续不间断报价，且通过个人网上银行或手机银行均能交易，当市场行情出现变化时，方便投资者随时把握投资交易机会。

3．个人结售汇

个人结售汇是个人结汇和个人售汇的简称。个人结汇是指投资者个人把从境外获得的、拥有完全所有权且可以自由支配的外汇收入卖给外汇指定银行或特许货币兑换机构，外汇指定银行或机构根据交易行为发生之日的汇率付给等值人民币的行为；个人售汇是指投资者个人向银行购买用于境外支付的外汇，外汇指定银行将外汇卖给投资者，并根据交易行为发生之日的人民币汇率收取等值人民币的行为。

投资者除了可以直接用现金购买外汇外，还可以将自己的专利、版权收入、稿费收入、咨询费收入、保险金收入、利润、红利收入、利息收入、年金、退休金、雇员报酬、遗产继承外汇、赡家款、捐赠款及其他经常项目收入用来购买外汇。下面以投资者购买外汇为例，讲讲如图 5-2 所示的具体步骤。

1 投资者携带有效身份证到银行，向银行提交相关资料（主要为外汇使用证明资料）并申请购汇。

2 银行审核购汇材料的真实性和一致性，如果不符合要求，则将资料退还给投资者，不予售汇。

3 如果材料符合要求，银行就登录外汇管理局个人购汇系统，录入投资者的购汇信息，如护照号、身份证号、购汇金额和外汇币种等。

4 外汇管理系统将审核投资者（购汇者）是否还有未核销记录。若有，银行将先为投资者办理核销手续，否则不予售汇。

5 如果没有未核销记录或者已经办理完核销之后，银行工作人员将登录银行业务系统录入相关购汇信息，并打印出"购汇通知书"。

6 银行按照交易日的挂牌价格，向投资者收取款项，并将外汇付给投资者。

7 银行将此次售汇信息通知外汇管理局，主要是将售汇数据和信息通过个人购汇系统传送给外汇管理局。

图 5-2　投资者在银行购买外汇的流程

投资者售汇则是卖出手中的外汇，兑换成人民币。其具体的售汇流程类似于购汇，只是在向银行申请时，提交的是售汇申请，填写的是售汇信息。

根据国家外汇管理局在 2015 年 12 月底做的公告可知，自 2016 年 1 月 4 日起，银行间的外汇市场交易系统每日运行时间延长至北京时间 23:30，人民币汇率中间价、浮动幅度及做市商报价等市场管理制度适用时间也相应延长。另外，公告还说明，中国外汇交易中心对外公布的北京时间 16:30 人民币兑换美元即期询价成交价作为当日收盘价。

国家外汇管理局还规定了个人投资者每年的外汇交易限额，一般为 5 万美元或等值外币，如果超过这一额度，投资者需要开具相关证明才能成功购汇或售汇。

4. 外汇实盘投资

个人外汇实盘交易是指个人委托银行，参照国际外汇买卖市场实时汇率，把一种外币买卖成另一种外币的交易行为。由于投资者必须持有足额外币才能进行交易，因此国际上流行的外汇保证金交易缺少了卖空机制和融资杠杆机制。

国内商业银行可供外汇实盘交易的币种基本上包括美元、欧元、英镑、日元、瑞士法郎、加拿大元、澳大利亚元和港元等，这些币种都是可以自由兑换的。具体哪些种类的货币可以兑换，哪些种类的不可以兑换，投资者需要咨询相应的银行。

进行外汇实盘交易时，若投资者兑换的是美元与另外一种可自由兑换的外汇（外币），这种交易习惯上被称为"直盘交易"；若兑换的是除美元外的两种可自由兑换的外汇（外币），这种交易习惯被称为"叉盘交易"。

外汇实盘交易采取的是 T+0 的清算方式，投资者在完成一笔交易之后，银行电脑系统立即自动完成资金交割。也就是说，如果行情动荡，投资者可以在一天内抓住多次获利机会。

外汇实盘交易的成本体现在买卖点差上。银行根据国际外汇市场行情，按照国际惯例报出买价和卖价，同时针对不同币种的汇率设置不同的买卖点差。

以 EUR/USD 为例，买卖点差一般为 30 点，即银行给出的买价为 1.2830，卖价为 1.2860。若投资者想用持有的美元买入欧元，则需要接受 1.2860 的价格；若想用持有的欧元买入美元，则需要接受 1.2830 的价格。

刚刚接触外汇实盘交易的人不容易分清哪个是银行的买价，哪个是银行的卖价。窍门是，银行不会赔本赚吆喝，所以总是低买高卖。

另外，根据国际市场惯例，银行对大额交易实行一定的点数优惠，即通过缩小银行买入价格和卖出价格之间的价差，为进行大额交易的客户降低交易成本，不同的银行有不同的优惠条件。

在中国银行的外汇管理制度下，外币分为现汇和现钞两种。现汇主要指以支票、汇款和托收等国际结算方式取得并形成的银行存款；现钞通常指外币的钞票和硬币，或以钞票、硬币存入银行所生成的存款。外币现钞只能运送到国外才能起到支付作用，而运送现钞时银行需承担运费、保费和利息等费用，所以一般会在个人外汇买卖价格上予以一定的区别。有些商业银行为了吸引客户，不再对现汇现钞的价格加以区分，但根据国家外汇管理局有关规定，外汇实盘交易业务还是本着"汇变汇""钞变钞"的原则进行。

目前，国内的商业银行为外汇实盘交易提供了多种交易方式，投资者可以通过银行柜台、银行营业厅内的个人理财终端、电话和互联网进行外汇实盘交易。而外汇实盘交易指令有市价交易和委托交易两种，市价交易指按照当前银行的外汇报价达成成交指令，这种交易指令是银行进行外汇投资时用得最多的；委托交易则是指挂盘交易指令，投资者先将交易指令发给银行，待汇率达到投资者的要求时，银行系统自动完成交易。

投资者要做好外汇投资，必不可少的就是要了解外汇投资存在的风险，大概内容如下所示。

◆ 当外汇汇率在短时间内发生价格波动时，银行可能不会准时发出指令完成成交，所以委托交易变成了市价交易，从而无法达成投资者预期的价位，最终带来收益损失。

◆ 外汇实盘交易很容易受到他人投资的影响，任何一点心理变化都会影响投资决策，导致最终的投资结果不理想。

◆ 如果整体外汇市场变动非常剧烈，银行就会调整其挂牌汇率的买卖价差，这样就会提高投资者的交易成本。

◆ 外汇实盘交易有投资门槛，超过投资门槛时，外汇价格有微幅变动都会带来丰厚的收益，而很大一部分投资者往往会忽略这一点。

外汇实盘交易的流程并不复杂，投资者先在银行和投资机构完成外汇实盘开户，接着完成风险评估，由银行评估投资者是否适合投资外汇；然后在银行和投资机构之间完成第三方存管，将资金注入已经开立的投资账户中；最后就可着手进行市价交易或者挂单交易，买入外汇后，投资者可以在任意时间卖出外汇。

理性的投资者在进行外汇实盘交易之前，应该多做模拟交易，充分熟悉外汇投资操作。在实施外汇实盘交易时，要从最大程度降低风险的角度出发，看重外汇收益的"日积月累"，而不是短期暴利。

5. 外汇仓位管理

投资者在做外汇投资时，银行一般只是执行投资者下达的指令，并不主动为投资者做出投资决定。比如，在仓位管理方面，银行最多只是建议投资者如何进行仓位管理比较好，最终还是要遵从投资者个人的想法进行理财。所以投资者还是要学会自己对手中的外汇进行仓位管理，具体仓位管理方法有如下几种。

■ 漏斗型仓位管理法

该管理方法是指初始进场资金量比较小，仓位比较轻，如果行情按相反方向运行，后市逐步加仓，进而摊薄成本，加仓比例越来越大。仓位控制呈下方小、上方大的一种形态，很像一个漏斗。

比如，某投资者在初始进场时买入 3000 元人民币的等值美元外汇，当美元对人民币汇率下跌时，再分期以 5000 元人民币、7000 元人民币和 10000 元人民币买入等值的美元外汇。这样，在美元对人民币汇率下跌时，同等金额的人民币可以买到更多的美元。但如果在投资的过程中，汇率呈现上涨下跌的波动行情时，投资者就很难准确估算出自己购买的美元外汇总价值，也就不能保证使用该方法对外汇建仓可以起到减少成本的作用。同时，投资者将面临后期投资失败，资金遭受重大损失的风险。

这种方法的优点是：初始风险比较小，在不爆仓的情况下，漏斗越高，盈利越可观。同时，这种方法也存在不可忽视的缺点：它建立在后市走势和投资者判断一致的前提下，如果方向判断错误，或者方向的走势不能越过总成本位，投资者将陷于无法获利出局的局面。此时，仓位会比较重，可用资金较少，资金周转会出现困境。在这种仓位管理方式下，越是反向波动，持仓量就越大，承担的风险会越高，当反向波动幅度达到一定程度时，必然导致全仓持有。此时，即使方向再向相反方向波动很小的幅度，也会导致爆仓，投资者面临巨大损失。

■ 矩形仓位管理法

该管理方法是指初始进场的资金量占总资金的比例是固定的，如果行情按相反反向发展，以后逐步加仓，降低成本，而加仓都遵循这个固定比例，形态像一个矩形。

比如，某投资者初始进场时买入 5000 元人民币的等值美元外汇，以后分 4 期，每期都购买 5000 元人民币的等值美元外汇。这种情况下，若遇到美元对人民币汇率下跌，则原来 5000 元人民币能够买到 788.64 美元的外汇，现在能买到比 788.64 美元更多的美元，如 806.45 美元（以美元对人民币汇率 6.2 计算），相应地说明，前期的投资成本相对于后期要高；若遇到美元对人民币汇率上涨，则同等金额的人民币能够买到的美元金额变少，如 781.25 美元（以美元对人民币汇率 6.4 计算），相应地说明，后期的投资成本会越来越高。但是这种做法可以减少投资风险，没有出现某一期投资金额过大的情况，也就没有投资亏损严重的风险性。

该管理方法的优点是：每次只增加一定比例的仓位，持仓成本逐步抬高，对风险进行平均分摊，达到平均化管理效果。在持仓可以控制、后市方向和判断一致的情况下，会获得丰厚的收益。但缺点也很明显：初始阶段的平均成本抬高较快，容易很快陷入被动局面，价格不能越过盈亏平衡点就会被套。同漏斗形方法一样，越是反向变动，持仓量就越大，当达到一定程度必然全仓持有，而价格只要向反方向变动少许，就会导致爆仓。

■ 金字塔形仓位管理法

该管理方法是指初始进场的资金量比较大，如果后市行情按相反方向运行，则不再加仓；如果方向一致，逐步加仓，加仓比例越来越小。仓位控制呈下方大、上方小的形态，像一个金字塔。

比如，某投资者在初始进场时就买入 10000 元人民币的等值美元外汇，当美元对人民币汇率下跌时，再分期以 7000 元人民币、5000 元人民币和 3000 元人民币买入等值的美元外汇。这样，在美元对人民币汇率下跌时，同等金额的人民币可以买到更多的美元。但是如果在投资的过程中，汇率呈现上涨下跌的波动行情或一直下跌行情时，投资者就很难准确估算出自己购买的美元外汇总价值，也就不能保证使用该方法对外汇建仓可以起到减少成本的作用。而且，投资者在投资前期就很可能面临资金遭受重创的风险，进而影响投资者的情绪，导致投资者后期投资处于消极防守或直接放弃投资的情况出现。

该管理方法的优点是：按照报酬率进行仓位控制，胜率越高，动用的仓位就越高。利用趋势的持续性来增加仓位，在趋势中会获得很高的收益，风险率较低；但其缺点就是：在震荡行市中，较难获得收益，初始仓位较重，对于第一次入场的要求比较高。

每种方法都有自己的优缺点，投资者在通过银行进行外汇投资之前，都要事先决定好自己的仓位管理方法，等到真正进行外汇投资时才能有备无患，以防操作失误。

5.4 走进银行期货投资

> 银行的高风险理财产品中还有期货投资，它是相对于现货交易的一种交易方式，是在现货交易的基础上发展起来，通过在期货交易所买卖标准化期货合约而进行的一种有组织的交易方式。期货交易的对象并不是商品（标的物）本身，而是商品（标的物）的标准化合约，即标准化的远期合同。

1．银行中有哪些期货品种

招商银行是目前国内期货做得最好的银行之一，这一节内容我们主要以招商银行为例，讲讲投资者如何通过银行进行期货投资。首先，我们需要了解招商银行中具体有哪些期货品种，如表 5-3 所示。

表 5-3　招商银行的期货品种

期货类别	品种	期货类别	品种	期货类别	品种
农产品	白糖		白银		PAT
	大豆		铂铑钯钌		燃料油
	豆粕		钢铁	能源化工	塑料
	豆油	金属	黄金		天然气
	棉花		铝		原油
	小麦		铅锌锡镍	金融期货	股指期货
	玉米		铜		国债期货

其中，农产品、金属和能源化工类型的期货统称为商品期货，即期货

标的物为实物；与商品期货相对应的是金融期货，标的物不是实物。表中列举出来的农产品期货都是国内常见的农作物。而其他国家也有自己独特的农产品期货，如美国芝加哥、纽约和堪萨斯等交易所的棉花、咖啡、可可、黄油、鸡蛋、活牛、猪腩、木材和天然橡胶等。而不同国家的金属期货、能源化工期货和金融期货则等大致相同。另外，与金融相关联的期货还有利率期货、货币期货和外汇期货等。

商品期货和金融期货在交易机制、合约特征和机构安排等方面并无较大区别，但也存在不同的地方，具体情况如下所示。

- 有些金融期货没有真实的标的资产（如股指期货），而商品期货交易的对象是具有实物形态的商品，例如，农产品和金属等。

- 股指期货在交割日以现金清算，利率期货可以通过证券的转让清算，商品期货则可以通过实物所有权的转让进行清算。

- 金融期货合约到期日都是标准化的，一般有到期日在3月、6月、9月和12月这几种；而商品期货合约的到期日根据商品特性的不同而不同，并不固定。

- 金融期货适用的到期日比商品期货要长。例如，美国政府长期国库券的期货合约有效期限可长达数年。

- 持有成本不同。期货合约持有至到期日所需的持有成本包括3项，即贮存成本、运输成本和融资成本。各种商品需要仓储存放，所以有仓储费用，金融期货合约的标的物所需的贮存费用较低，有些如股指期货的甚至不需要贮存费用。如果金融期货的标的物存放在金融机构，则还有利息，如股票的股利和外汇的利息等。而这些利息有时会超出存放成本，产生持有收益（即负持有成本）。

- 投机性能不同。由于金融期货市场对外部因素的反应比商品期货更敏感，金融期货价格的波动更频繁、更大，因而比商品期货具有更强的投机性。

2．期货投资有哪些制度

银行为投资者办理期货业务时，也会遵循期货市场的相应制度行事，并不能随意按照自己的想法更改期货交易的相应制度。投资者为了自身的利益，应该了解期货投资活动中要涉及的制度，具体内容如下所示。

■ 会员制度

期货交易所一般采用会员制度，只允许会员进入交易所进行期货交易，非会员不能进入交易所进行交易，而必须委托会员代理交易。交易所的会员分为交易会员和结算会员，而结算会员中又分为交易结算会员、全面结算会员和特别结算会员（交易结算会员只能给自己的客户办事，全面结算会员能为自己的客户和其他交易结算会员办事）。

■ 保证金制度

投资者无论是在交易所进行期货投资，还是在银行购买期货产品，都要遵循保证金制度。投资者在自己专用的结算账户中存入足够的资金，用来支付期货交易。一般来说，投资者的结算账户中的保证金是期货合约标的总价值的 5% ~ 10%。

例如，你买入了一手豆油 1409 期货合约，总价格为 345000 元，那么投资者需要支付的保证金最少为 345000×5% ＝ 17250 元。

在保证金制度下，投资者不仅要支付交易保证金，还需在账户中留有足够的结算准备金。每日交易开始前，投资者结算准备金的金额不能低于一定的额度。如果结算准备金余额大于 0 而低于结算准备金最低余额，投资者将不能开新仓；如果结算准备金余额小于 0，则银行或交易所将按有关规定对投资者强行平仓。不同银行或交易所对同一品种的期货合约可能采取不同的保证金制度。当然，同一家银行或交易所中的不同期货品种的交易金制度也可能不同，投资者可以向银行询问具体细则。

■ 公开竞价交易制度

竞价交易制度又称委托驱动制度，特征是开市价格由集合竞价形成，随后交易系统对不断进入的投资者交易指令按价格与时间优先原则排序，将买卖指令配对竞价成交。竞价交易制度又分为连续竞价交易制度和集合竞价交易制度。

■ 涨停板制度

涨停板制度，全称为涨跌停板制度。期货投资中的涨停板制度是指期货合约在一个交易日中的交易价格不得高于或低于规定的幅度，而超过这个幅度的报价将被视为无效，不能成交。每一份期货合约的具体涨跌停幅度都会在期货合约中写明，但期货的涨跌停板并不是固定的，随着市场的变化会发生改变，这也是期货涨跌停板与股票涨跌停板最大的不同。

■ 限仓制度

限仓制度是指期货交易所为了防止市场风险过度集中于少数交易者手中，而对投资者的持仓数量进行限制的制度，投资者到银行购买期货也需遵循这一制度。交易所可根据不同期货品种的具体情况，分别确定每一品种每一月份合约的限仓数额，并对每个交割月份的限仓数额做出变动更改。投资者如果在多家银行购买了多个期货品种，则所有品种的期货持仓额总和不得超过一个投资者的限仓数额。

■ 每日结算无负债制度

每日结算无负债制度又称逐日盯市，是指每日交易结束后，交易所按当日结算价结算所有合约的盈亏、交易保证金、手续费及税金等费用，对应收应付的款项实行净额一次划转，相应增加或减少投资者的结算准备金。

每日结算无负债制度要同时满足每日结算和无负债要求，也就是说，银行或期货经纪公司对投资者的期货账户进行每日结算。结算保证金不足时，投资者要补缴相应的金额到自己的期货投资账户中，由此做到无负债。

■ 强制平仓制度

强制平仓制度与每日结算无负债制度有一定的关联，指的是投资者在自己的期货投资账户中的保证金不足且不再存入保证金时，银行或期货经纪公司就会对投资者持有的期货合约强行平仓，其目的是解决投资者的违约风险。

【提示注意】

在期货交易中还有一种大户报告制度，是指当投资者的某品种持仓合约的投机头寸达到交易所规定的投机头寸持仓限量 80% 以上时，投资者必须通过银行或经纪公司向期货交易所报告自己开户使用情况、资金来源状况和头寸持有情况等，严格控制大户的投资情况，保护散户的投资利益。

3. 银行中的期货保证金存管业务

期货保证金存管业务，是指银行以期货保证金存管银行身份为期货交易参与者提供账户管理、资金汇划及信息查询等金融服务，服务对象包括期货投资者、期货交易所会员和期货交易所，下面以招商银行为例讲解具体内容。

■ 三大服务是银行期货保证金存管业务的价值源泉

银行的期货保证金存管业务包括三大服务，即账户管理、资金汇划和信息查询。账户管理服务是指银行可以为期货投资者开立各种类型账户，并提供全面、优质的账户管理和对账等服务；资金汇划服务是指银行拥有高效、稳定的资金汇划系统，投资者进行期货投资产生的资金收益或亏损将通过该系统进行资金转入或转出，资金实时到账；信息查询服务是指银行提供银行柜台、网上银行、电话银行和手机银行等多渠道的信息查询服务，提供账户资金信息查询和账户资金变动信息自动通知等信息服务。

■ 四大系统是银行期货保证金存管业务的服务保障

银行的期货保证金存管业务涉及的四大系统，包括银期转账系统、电子出入金系统、保证金报备系统及网上企业银行系统。

银期转账系统是指为投资者提供自助式资金转账服务的系统，全国集中式银期转账系统集中由总行统一维护管理，便于对银行和期货公司的直接服务；电子出入金系统是严格按照期货交易所标准开发的，为期货公司提供高效便捷的出入金服务；保证金报备系统严格按照国家监管要求设计，及时准确地报送期货保证金数据；网上企业银行提供包括账户查询、转账、信息通知、个性化财务授权、全国代收付和集团公司资金管理等功能。

4. 投资者要了解的银期转账业务

银期转账业务是指银行和期货公司在系统联网的基础上，为期货投资者提供自助式资金转账服务，实现资金在期货投资者银行结算账户与期货保证金账户之间定向实时划转，并为期货投资者提供查询的一项金融服务。

银行的这项业务有不同的服务渠道，如银行柜面、网上银行、手机银行和电话银行等。下面以招商银行为例，其具体情况如表5-4所示。

表 5-4　招商银行银期转账业务的服务渠道

业务功能	银行柜面	网上银行	手机银行	电话银行	期货公司端
签约	适用于个人投资者和机构投资者	适用于个人投资者	适用于个人投资者	——	此功能要与期货公司确认
解约	适用于个人投资者和机构投资者	适用于个人投资者	适用于个人投资者	适用于个人投资者	此功能要与期货公司确认
转账	适用于个人投资者和机构投资者	适用于个人投资者和机构投资者	适用于个人投资者	适用于个人投资者	适用于个人投资者和机构投资者
查询	适用于个人投资者和机构投资者	适用于个人投资者和机构投资者	适用于个人投资者	适用于个人投资者	适用于个人投资者和机构投资者
限额修改	适用于个人投资者和机构投资者	适用于个人投资者	适用于个人投资者	适用于个人投资者	适用于个人投资者和机构投资者
期货端转账控制	适用于个人投资者和机构投资者	适用于个人投资者	适用于个人投资者	——	——

【提示注意】

期货端转账控制功能是指投资者可通过银行端自主选择是否开通期货公司端转账功能，包括期货端活期转保证金和期货端保证金转活期。

这项业务的功能强大且实用，投资者在进行期货投资时可以办理，下面以招商银行为例，介绍具体的办理流程。

（1）投资者开立招商银行结算账户，如果投资者已经有了招商银行结算账户，可跳过这一步骤。

（2）期货公司端开立期货保证金账户。投资者本人携带身份证原件和招商银行一卡通到期货公司营业部柜面开立期货保证金账户，并指定招商银行为存管银行；若是机构投资者，则需携带期货公司所要求的资料到期货公司营业部柜面开立期货保证金账户，并指定招商银行为存管银行。

（3）建立银期转账绑定关系。个人投资者携带有效身份证原件和招商银行一卡通到招商银行网点柜面建立银期转账绑定关系，也可通过网上银行或手机银行自助办理；若是机构投资者，则只能到开户网点柜面建立银期转账绑定关系。

另外，投资者在享受银期转账业务的过程中，需要了解以下注意事项，从而保护自身的利益。

- 客户在期货公司开立期货保证金账户时提供的资料应与开立银行结算账户时提供的资料一致。
- 银期转账业务不支持存折和信用卡。
- 银期转账业务的服务时间取决于期货公司的服务时间，具体时间以期货公司规定为准。
- 客户关闭银期转账业务功能当天不能进行银期转账交易。
- 客户变更银行结算账户，需先关闭原银行结算账户的银期转账业务功能，再重新建立新银行结算账户的银期转账业务功能。
- 客户通过期货公司渠道发起银期转账业务时，不需要输入银行结算账户密码。
- 银期转账业务资金划转实时到账，并且不收取手续费。

5. 标准仓单质押融资业务

标准仓单质押融资业务是指以交易所标准仓单为质押标的物，银行基于一定质押率和质押价格向融资申请人发放信贷资金，用于满足客户流动资金需求的一种短期融资业务。

以招商银行为例，该业务的服务对象是符合招商银行授信的有关规定，合法持有有效标准仓单，并具备交易所套期保值资格的企业投资者。招商银行的标准仓单质押融资业务有 4 种服务方式，具体内容如下。

（1）企业通过向银行质押其持有的期货交易所标准仓单，从银行获得流动资金贷款，用于满足生产经营过程中的临时性资金需求。

（2）企业利用在招商银行的授信额度或通过质押标准仓单，开立纸质或电子银行承兑汇票，由招商银行在票据到期日支付汇票金额的票据行为。纸质银行承兑汇票期限最长为 6 个月，电子银行承兑汇票期限最长为12 个月。

（3）企业以期货标准仓单为担保物，向招商银行申请以保函的形式向受益人出具保证，当申请人不能按照合同规定履行其责任义务时，招商银行按约定代为赔偿的业务。

（4）招商银行根据企业（进口商）的申请，向受益人（出口商）开具信用证，凭符合信用证条款的单据保证到期支付的结算方式。

标准仓单质押融资业务中，融资有一定的额度限制。如铝、铜和燃料油等工业产品标准仓单的融资质押率最高可达 80%；棉花、小麦、绿豆和天然橡胶等农产品标准仓单的融资质押率最高可达 75%；其他商品标准仓单的融资质押率有另行规定。招商银行将根据商品价格风险调整相关商品标准仓单的最高质押率。

☁ 5.5 期货的交易

投资者在进行期货交易时，有一些特殊的交易活动，比如套期保值和套利等。这些活动都可以减少投资风险，提高投资收益，所以投资者需要认真了解。

1. 期货交易模式和杠杆效应

期货的交易模式一般为 T+0，即投资者在交易成交当天办理好价款清算等相关手续。如下所示的内容是期货 T+0 的交易特点。

◆ 交易方式有双向交易、买涨买跌和现买现抛。

◆ 短线投机，投资操作 15 分钟后可以平仓，投机性强，投机的机会多，非常适合短线投机者。

◆ T+0 可随时进行交易，但交易费用会很高，对券商来说却是一大利好情势。

◆ 散户投资者因为 T+0 交易模式导致交易次数增加，其交易费用也会随之增加，进而导致交易成本增加，增大了投机风险。

◆ 在期货 T+0 交易模式下，主力可以随意买进卖出，而散户则船小好调头，容易及时跟进或出逃。

◆ T+0 模式在失去 T+1 助涨助跌作用后，价格的振幅会加剧。

期货交易的 T+0 模式可能会导致一天之内出现多次获利机会，投资者在做期货投资时要重视期货的分时走势图，观察期货一天内的价格变化情况，从而进行准确的买进卖出操作。正常情况下，期货交易每天每笔以

1% ~ 2% 的收益或损失为止盈止损位，投资者不可太贪婪。

【提示注意】

除了 T+0 交易模式外，期货交易还有 T+1 和 T+2 模式，这两种模式目前不适用于我国的期货市场。T+1 交易模式是指投资者当天开仓后不能进行平仓操作，需要等到下一个交易日才可平仓；T+2 模式则指投资者当天开仓后不能平仓，需要等到开仓日后的第二个交易日才可平仓。

期货杠杆效应是期货交易的原始机制，即保证金制度。杠杆效应使投资者可交易的金额放大，同时放大交易风险。杠杆效应可以让投资者花少部分钱赚取翻倍的收益，但同时承受翻倍的投资风险。

例如，投资者用 5 万元购买期货，则其承受的风险会是价值 50 万元的期货所带来的，但同时收益也会放大 10 倍。

2．期货的套期保值

期货的套期保值是指把期货市场当作转移价格风险的场所，将期货合约作为将来在现货市场上买卖商品的临时替代物，对其现在买进准备并在以后售出的商品或对将来需要买进商品的价格进行保险的交易活动。

套期保值是在现货市场和期货市场中，对同一种类的商品同时进行数量相等但方向相反的买卖活动。

由于期货市场还会受一些其他因素的影响，期货价格的波动时间和波动幅度不一定与现货价格完全一致，加上期货市场上有规定的交易单位，所以两个市场操作的数量不一定相等，这就意味着投资者在采取套期保值冲销盈亏时，可能获得额外的利润或亏损。

期货套期保值有两种，一是多头套期保值，指投资者先在期货市场买进期货，以便将来在现货市场买进时不至于因价格上涨而给自己造成经济损失的一种期货交易方式；二是空头套期保值，也称卖出套期保值，是指投资者先在期货市场卖出期货，当现货价格下跌时以期货市场的盈利来弥补现货市场的损失，从而达到保值的一种期货交易方式。下面以买入期货套期保值（多头期货套期保值）为例，讲讲如何实现套期保值。

四川某大型食品公司需要购进大量的玉米，为了规避价格上涨带来的风险，选择买入玉米套期保值。某年 8 月 7 日，该公司发现玉米的现货价格为 2171 元 / 吨，市场的价格较之前有反弹迹象，而且预计在 9 月底，企业的库存会明显不足，需要补充库存 1000 吨。

由于前期玉米收购价较高，利润少，很多食品公司减少了玉米加工食品的生产，所以市场中玉米供给量开始减少。玉米在期货市场中 10 月份的合约报价依然是 2171 元 / 吨。于是该公司在 8 月 7 日以 2171 元 / 吨的价格买入 100 手 10 月份的玉米期货合约，到了 10 月 1 日，玉米期货与现货的价格都出现了上涨，且期货价格的涨幅大于现货市场。此时，玉米现货报价为 2500 元 / 吨，期货市场 12 月份的玉米合约已涨至 2900 元 / 吨。

此时，该公司在现货市场买入 1000 吨的玉米，采购价格为 2500 元 / 吨。同时，在期货市场以 2900 元 / 吨的价格卖出之前的 100 手 10 月份合约进行平仓。在不考虑手续费的情况下，该公司的盈亏情况如表 5-5 所示。

表 5-5　玉米买入套期保值

时间	现货市场	期货市场
8 月 7 日	2171 元 / 吨	期货合约 2171 元 / 吨，买入 100 手 10 月份的期货合约
10 月 1 日	2500 元 / 吨，买入 1000 吨玉米	期货合约 2900 元 / 吨，卖出 100 手 10 月份的期货合约平仓
盈亏	$(2171 - 2500) \times 1000 = -329000(元)$	$(2900 - 2171) \times 100 \times 10 = 729000（元）$

最终该公司盈亏为 729000 − 329000 = 400000（元），该盈亏数额不是该公司套期保值的净利润，因为最后还要支付现货交易费用。

投资者首先选择期货公司办理期货投资开户手续，同时向账户中存入一定的资金；接着就制订套期保值计划，申请套期保值头寸并下单；然后买入（卖出）套期保值，对盈亏进行止损或对冲；最后进行场内平仓并完成实物交割。

【提示注意】

基差是某一特定地点某种商品的现货价格与同种商品的某一特定期货合约价格间的价差。若不加说明，期货价格应是离现货月份近的期货合约的价格。基差并不完全等同于持仓费用，但基差的变化受制于持仓费用。

3. 期货投机

期货投机是指在期货市场上纯粹以谋取利润为目的买卖标准化期货合约的行为。这一行为是期货市场中必不可少的一环，其经济功能主要有以下几点。

◆ **承担价格风险**：期货投机者承担了套期保值者力图回避和转移的风险，使套期保值成为可能。

◆ **提高市场流动性**：投机者频繁地建立仓位，对冲手中的合约，增加了期货市场的交易量，这既使套期保值交易容易成交，又能减少交易者进出市场可能引起的价格波动。

◆ **保持价格体系稳定**：投机者参与期货交易，促进了相关市场和相关商品的价格调整，有利于改善不同地区价格的不合理状况。同时，改善商品不同时期的供求结构，使商品价格趋于合理；还有利于调整某一商品对相关商品的价格比值，使其趋于合理化，从而保持价格体系的稳定。

◆ **形成合理的价格水平**：投机者在价格处于较低水平时买进期货，使需求增加，促进价格上涨；在较高价格水平时卖出期货，使需求减少，抑制价格，使价格波动趋于平稳，形成合理的价格水平。

4．期货套利

期货套利是指利用相关市场或相关合约之间的价差变化，在相关市场或相关合约上进行方向相反的交易，以期在价差发生有利变化而获利的交易行为。如果发生利用期货市场与现货市场之间的价差进行的套利行为，称为期现套利；如果发生利用期货市场上不同合约之间的价差进行的套利行为，称为价差交易。

套利产生的利润不基于商品价格的上涨或下跌，而是基于不同合约月份之间价差的扩大或缩小，从而构成其套利交易的头寸。因此，套利的形式主要有3种，跨期套利、跨市套利和跨品种套利。跨期套利是最常用的一种，下面就来具体了解一下。

跨期套利是指投机者在同一市场，利用同一种商品的不同交割期之间的价格差距变化，买进某一交割月份期货合约的同时，卖出另一交割月份的同类期货合约以谋取利润的活动。其实质是利用同一商品期货合约的不同交割月份之间的差价的相对变动来获利，这是最常用的一种套利形式。

豆粕是一种生产饲料的原料，市场中的成交量比较大，而且明显呈现一种周期性需求和周期性价格变动。根据豆粕期货市场的行情来看，每年8月份的豆粕价格比5月份的高，且呈现逐步上涨的趋势，这一信息让投资者看到了套利的机会。于是决定在当年9月1日买入1手8月份的豆粕合约，价格为2912元／吨，同时卖出1手5月份的豆粕合约，价格为

2908 元 / 吨，期望未来某个时间有机会获取套利收益。

　　次年 1 月，豆粕的行情变坏，投资者决定以 2898 元 / 吨的价格卖出
1 手 8 月份的豆粕合约，同时以 2886 元 / 吨的价格买入 1 手 5 月份的豆粕
合约，具体套利情况如表 5-6 所示。

表 5-6　豆粕跨期套利

时间	操作	操作
9 月 1 日	买入 1 手 8 月份豆粕合约，价格为 2912 元 / 吨	卖出 1 手 5 月份豆粕合约，价格为 2908 元 / 吨
次年 1 月	卖出去年买入的 1 手 8 月份豆粕合约，价格为 2898 元 / 吨	买入 1 手 5 月份豆粕合约，价格为 2886 元 / 吨
套利结果	（2898 − 2912）= − 14 元 / 吨	（2908 − 2886）= 22 元 / 吨

　　总的来说，上述行为获得了一定的套利收益，即平均每吨的套利收益
为（22 − 14）= 8 元。

　　当套利区间被确立，而当前的状态又显示出套利机会时，投资者就可
以进行套利操作了。

.06
. PART.

短期产品
如何投资

工商银行
灵通快线

中长期
产品投资

期限多样，不同期限的银行理财产品

　　银行中的理财产品，除了按债券、基金和外汇等投资工具来分类外，还可以根据产品期限的不同分成短期理财产品、中期理财产品及中长期理财产品。不同期限的理财产品有不同的投资方法和策略，本章将从产品的期限着手进行介绍。

6.1 短期产品如何投资

> 投资者在进行银行理财产品的投资之前，需要明确相应产品的投资期限。而短期产品一般期限有 10 多天、20 多天和 30 多天，有时产品的收益和风险大小会因为期限的不同而不同。

1. 工商银行保本稳利 35 天

"工商银行保本稳利 35 天"（全称见表 6-1）属于定期开放类理财产品，收益类型属于保本浮动型。该产品适合保守型、稳健型、平衡型、成长型和进取型投资者。这一产品也有一定的投资风险，但工商银行对该产品的本金提供保证承诺，只是不保证理财收益。如表 6-1 所示是"工商银行保本稳利 35 天"理财产品的部分内容。

表 6-1 "工商银行保本稳利 35 天"理财产品的部分内容

名称	内容
产品名称	中国工商银行保本型个人 35 天稳利人民币理财产品
产品代码	BBWL35
产品风险评级	PR1（风险评级仅是工商银行内部测评结果，仅供客户参考）
期限	开放式无固定期限产品（35 天投资周期）
投资周期	2014 年 11 月 3 日起每 35 天为一个投资周期（遇节假日时投资周期会延长）
资金到账日及投资周期顺延	投资周期结束日的次日为资金到账日，如果资金到账日遇法定节假日，则该期投资周期相应延长，资金到账日为最近的产品成立日（工作日）

续表

名称	内容
募集期	2014 年 10 月 30 日～ 11 月 2 日。如果产品募集规模低于 1 亿元，则工商银行可宣布本产品不成立并在原定起始日后两个工作日内在工商银行网站（www.icbc.com.cn）或相关营业网点发布产品不成立信息，投资者购买本金将在原定起始日后两个工作日划转至投资者账户，购买本金在募集期内的应计活期利息于每季度活期存款结息日划转至客户账户，原定起始日至到账日之间投资者的资金不计息。如果该产品募集期结束前认购规模达到 70 亿元，工商银行有权结束募集并提前成立，产品提前成立时工商银行将发布信息披露，产品最终规模以工商银行实际募集规模为准
产品购买	1. 募集期内网点营业时间及网上银行 24 小时接受购买申请； 2. 产品成立后，网点营业时间及网上银行 24 小时接受购买申请。本产品每周一、周四为投资周期成立日，成立日扣款并确认购买份额，成立日须是工作日，遇非工作日则顺延至下一成立日。为保护已投资客户利益，本产品运作规模上限为 800 亿元，超过上限后，工商银行有权暂停申购；单个开放日，本产品的申购资金超过上一日产品总规模的 10％后，工商银行有权暂停申购
自动再投资	为方便投资者，本产品提供自动再投资功能，投资者可根据自身需要选择使用。当投资者选择使用自动再投资功能时，产品将进行自动再投资，即在当前投资周期结束后，该笔购买资金本金全部自动进入下一投资周期，已获得的本投资周期收益于本投资周期结束日次日以分红形式分配到投资者账户。投资者还可选择自动再投期数，1 ～ 10 期及无限期；若遇产品业绩基准调整，选择了自动再投资的投资者可能对应不同的业绩基准。投资者可以在当期投资周期结束日之前修改自动再投资及自动再投资期数。若不选择自动再投资功能，投资者的投资行为将在第一个投资周期后结束
托管费率（年）	0.03%
销售手续费率	0
管理费用	在扣除工商银行托管费等费用，并按当前业绩基准实现客户收益后仍有剩余收益时，剩余收益部分作为产品投资管理费
购买起点金额	5 万元起购，以 1000 元的整数倍递增
追加购买最低金额	1000 元，以 1000 元的整数倍追加

理财学院：银行理财产品一本通

该产品主要投资于以下符合监管要求的各类资产，一是债券、存款等高流动性资产，包括但不限于各类债券、存款、货币市场基金、债券基金和质押式回购等货币市场交易工具，投资比例为 20% ~ 100%；二是其他资产或资产组合，包括但不限于证券公司集合资产管理计划或定向资产管理计划、基金管理公司特定客户资产管理计划和保险资产管理公司投资计划等，投资比例为 0 ~ 80%。

了解了该产品的基本内容后，投资者一定很想知道其理财收益计算和分配，下面通过 3 个不同的情景向投资者展示理财收益计算和分配情况。

情景一（投资者未选择自动再投资）

在理财资金投资正常的情况下，以某投资者投资 5 万元，35 天投资周期，预期年化收益率 2.75% 为例，客户未选择自动再投资，投资周期结束后，投资者最终收益为：$50000 \times 2.75\% \times 35/365 = 131.85$ 元。

情景二（投资者未选择自动再投资，投资周期顺延）

在理财资金投资正常的情况下，某投资者投资 5 万元，按照 35 天投资周期和 2.75% 预期年化收益率计算，资金到账日为非工作日。此时，投资周期顺延，假设实际投资周期为 38 天，投资者未选择自动再投资，则投资者最终收益为：$50000 \times 2.75\% \times 38/365 = 143.15$ 元。

情景三（投资者选择了自动再投资，业绩基准发生调整）

在理财资金投资正常的情况下，某投资者投资 5 万元，购买时选择"是"自动再投资，自动再投资的期数选择为"1"期；第一个投资周期，产品的业绩基准为 2.75%，实际投资周期为 35 天；第二个投资周期产品业绩基准发生了调整，调整为 2.85%，实际投资周期也为 35 天，则投资者这两期的最终收益：$50000 \times 2.75\% \times 35/365 + 50000 \times 2.85\% \times 35/365 = 268.49$ 元。

另外，工商银行有权根据运行情况提前终止该产品，并至少于终止日前3个工作日进行信息披露。终止日后3个工作日内将投资者理财资金划入投资者指定资金账户，而终止日至资金实际到账日之间，投资者的理财资金不计息。

2．从投资对象看短期产品的赢利点

以"工商银行保本稳利35天"理财产品为例，其投资对象为高流动性资产和其他资产及资产组合。

在高流动性资产中，投资者投资债券，到期取得本金和利息，所以其赢利点为利息。而债券基金和货币市场基金的赢利点很多，主要根据基金的投资内容来决定其赢利点。比如，基金投资的是债券，则其赢利点为利息，若为股票，则其赢利点为红利和股息等。

如果投资者购买的短期理财产品投资的是同业存款，则其赢利点和债券一样为利息收益。如果投资对象为质押式或买断式回购资产，则赢利点为资产的贴现收益或回购差价收益，因为买断式回购资产即将资产贴现或转贴现，这其中会涉及贴现率，从而可能产生贴现收益。而像质押式回购资产这样的投资对象，一般是回购之前卖出的资产或债券，这一过程中可能存在一定的差价，所以是该种投资对象的赢利点。

在其他资产或资产组合中，投资者的理财资金用于投资一些管理计划、投资计划和协议存款组合等，这些对象的赢利点大都是公司的分红或是存款利息收入。

所以，银行短期理财产品的赢利点取决于投资对象的收益来源，投资对象不同，收益来源就不同，其赢利点自然也就不同，而赢利的可能性也会有一定的差异。另外，不仅短期理财产品可以从投资对象看赢利点，中长期理财产品也能从投资对象下手，分析产品的赢利点。

3．短期产品的风险揭示

作为一名已经入门的投资者，应该知道理财不仅能享受收益，同时还会面临一定的风险。银行理财产品说明书都会对产品的理财风险进行揭示，告知投资者理财产品的真实情况，让投资者在一切内容都清楚的情况下自行决定是否购买产品。下面以"工商银行保本稳利35天"这一短期理财产品为例，讲解风险揭示的具体内容。

一般而言，产品的说明书中包含风险揭示书，如图6-1所示。

风险揭示书

理财非存款、产品有风险、投资须谨慎　中国工商银行郑重提示：在购买理财产品前，客户应仔细阅读理财产品销售文件，确保自己完全理解该项投资的性质和所涉及的风险，详细了解和审慎评估该理财产品的资金投资方向、风险类型及预期收益等基本情况，在慎重考虑后自行决定购买与自身风险承受能力和资产管理需求匹配的理财产品；在购买理财产品后，客户应随时关注该理财产品的信息披露情况，及时获取相关信息。

产品类型	保本浮动收益型
产品期限	无固定期限
产品风险评级	PR1
目标客户	经工商银行客户风险承受能力评估为保守型、稳健型、平衡型、成长型、进取型的有投资经验和无投资经验的个人客户
客户风险承受能力级别	**（如影响您风险承受能力的因素发生变化，请及时完成风险承受能力评估）**
重要提示	本理财产品有投资风险，工商银行对本理财产品的本金提供保证承诺，不保证理财收益，您应充分认识投资风险，谨慎投资。 本理财产品的总体风险程度很低，工商银行承诺本金的完全保障。理财产品的投资方向为低风险的投资市场，投资收益受宏观政策和市场相关法律法规变化、投资市场波动等风险因素影响很小，产品收益较为稳定。 在发生最不利情况下（可能但不一定发生），客户可能无法取得收益。请认真阅读理财产品说明书第五部分风险揭示内容，基于自身的独立判断进行投资决策。

请全文抄录以下文字：本人已阅读风险揭示，愿意承担投资风险

客户签名（盖章）：　　　　　　　　日期：

图6-1　"工商银行保本稳利35天"产品的风险揭示书

风险揭示书中包含银行对投资者的风险提醒，还有对产品类型、期限、风险评级、目标客户及客户风险承受能力级别等的说明。另外，风险揭示书中还包括银行对产品的重要提示、客户签字（盖章）和日期。

产品的风险揭示不仅包括银行对产品风险的告知，还包括银行对产品收益类型的告知。通过风险揭示书，投资者可以清楚直接地了解到产品的收益情况和风险程度，进而决定是否有想要购买产品的意愿。很多时候，投资者在看了风险揭示书后并不能马上做出产品的购买决定，还要通过更加细致的了解才能做出最终的决定。但是这并不代表风险揭示书存在于产品说明书中没有意义，在说明书中给出产品风险揭示书是银行的义务，也是必须要做的事情，要保证投资者的完全知情权。

除此之外，理财产品说明书中还会专门用一部分文字来写明产品面临的风险类型，以"工商银行保本稳利35天"产品为例，具体内容如下。

◆ **政策风险**：本产品在实际运作过程中，如遇到国家宏观政策和相关法律法规发生变化，影响本产品的发行、投资和兑付等，可能影响本产品的投资运作和到期收益。

◆ **信用风险**：客户面临投资资产或资产组合所涉及的融资人和债券发行人的信用违约。若出现上述情况，客户将面临收益遭受损失的风险。

◆ **市场风险**：本产品在实际运作过程中，由于市场的变化会造成本产品投资的资产价格发生波动，从而影响本产品的收益，客户面临收益遭受损失的风险。

◆ **流动性风险**：除本说明书第七条约定的客户可提前赎回的情形外，客户不得在产品存续期内提前终止本产品。因此，会面临需要资金而不能变现的风险或丧失其他投资机会。

◆ **产品不成立风险**：如果因募集规模低于说明书约定的最低规模或

其他因素导致本产品不能成立的情形，客户将面临再投资风险。

◆ **提前终止风险**：为保护客户利益，在本产品存续期间工商银行可根据市场变化情况提前终止本产品，客户可能面临不能按预期期限取得预期收益的风险以及再投资风险。

◆ **交易对手管理风险**：由于交易对手受经验、技能和执行力等综合因素的限制，可能会影响本产品的投资管理，从而影响本产品的到期收益。

◆ **兑付延期风险**：因产品投资的资产无法及时变现等原因，造成不能按时支付本金和收益，则客户面临产品期限延期和调整等风险。

◆ **不可抗力及意外事件风险**：自然灾害和战争等不能预见、不能避免及不能克服的不可抗力事件或系统故障、通信故障和投资市场停止交易等意外事件的出现，可能对本产品的成立、投资、兑付、信息披露和公告通知等造成影响，客户将面临收益遭受损失的风险。而且，对于由不可抗力及意外事件风险导致的任何损失，客户须自行承担，银行对此不承担任何责任。

4．提前赎回与计息期

银行中的理财产品并不是投资者想提前赎回就能提前赎回的，每种产品都有相应的提前赎回规定。若产品没有提前赎回的说明，则不能提前赎回；若有提前赎回说明，则投资者可在能提前赎回的情况下提前赎回理财产品，拿到相应的本金和收益。

以"工商银行保本稳利35天"产品为例，其产品说明书的"信息披露"部分说明了该产品可提前赎回的情况，"在本产品存续期间，工商银行可以提前3个工作日，通过工商银行网站或相关营业网点发布相关信息，对业绩基准、投资范围、投资品种或产品说明书其他条款进行补充、说明和修改。如果客户不同意补充或修改后的说明书，可根据工商银行的通知或公告在补充或修改生效前赎回本产品，客户理财资金和收益（如有）将在赎回日后 3 个工作日内划转至客户账户"。除此之外，投资者在募集期内也能够撤单，在其他情况下，投资者都不能提前赎回。

投资者购买该产品的资金在募集期内按照活期存款利率计息，但利息不计入购买本金份额；投资周期结束日至资金到账日之间不计利息。换句话说，投资者购买"工商银行保本稳利 35 天"理财产品，从购买日起开始计息，到终止投资日结束计息。其中，若投资者在募集期购买，则募集期享受银行活期存款利率计息，但利息不计入购买份额的本金，到产品结束投资当天结算利息，具体按实际投资天数计算。

6.2 工商银行"灵通快线"

工商银行"灵通快线"，是现金管理类的灵通系列理财产品。截至 2016 年 8 月 8 日，工商银行的灵通系列有两个品种，一种没有固定期限，另一种有最短持有期限，下面将具体介绍中国工商银行的灵通快线系列的理财产品。

1."灵通快线"的投资特点

"灵通快线"是工商银行为答谢新老客户推出的一款超短期理财产品。该产品的投资本金安全，流动性强，预期收益较高，有利于投资者将自己的股市闲置资金、生意周转金或其他短时间内闲置资金用来做理财，提高资金的利用率，同时获得额外的理财收益。

　　"灵通快线"是目前国内市场上一款"买入即时成交，即刻享受收益，资金及时可用"的理财产品。它属于非保本浮动收益型理财产品，预期年化收益率在 2.1% ~ 3.3%，且不同产品和不同档次投资者可获得的预期年化收益率有所不同。下面以"工商银行灵通快线"和"灵通快线个人超短期高净值客户专属 7 天增利人民币理财产品"为例，讲讲具体的年化收益率，如表 6-2 所示。

表 6-2　工商银行"灵通快线"系列产品的年化收益率

产品名称	年化收益率
工商银行"灵通快线"	该产品的年化收益率档次按照投资者持有本产品的份额数量划分。投资者理财账户中当日日末本产品份额为 100 万份（不含）以下，预期年化收益率为 2.1%；账户中当日日末本产品份额为 100 万 ~ 300 万份（不含），预期年化收益率为 2.3%；账户中当日日末本产品份额为 300 万 ~ 500 万份（不含），预期年化收益率为 2.5%；账户中当日日末本产品份额为 500 万 ~ 2 亿份（不含），预期年化收益率为 2.8%；账户中当日日末本产品份额为 2 亿份以上，预期年化收益率为 3.3%
"灵通快线"个人超短期高净值客户专属 7 天增利人民币理财产品	该产品的年化收益率档次按照投资者认购金额的不同来划分。 1. 5 万元≤认购金额＜100 万元，预期年化收益率为 2.2%； 2. 100 万元≤认购金额＜300 万元，预期年化收益率为 2.5%； 3. 300 万元≤认购金额＜500 万元，预期年化收益率为 2.7%； 4. 认购金额≥500 万元，预期年化收益率为 2.9%

　　表 6-2 中，"工商银行灵通快线"产品的预期收益率是在不含销售手续费、托管费和管理费情况下的收益率；而"灵通快线个人超短期高净值客户专属 7 天增利人民币理财产品"的预期年化收益率是已经扣除销售手续费和托管费的收益率情况。

　　"灵通快线"系列的产品在运行期间没有达到投资者预期最高收益率时，工商银行不收取投资管理费。而在达到最高收益率的情形下，工商银行按照使用的预期最高年化收益率支付投资者收益后，超过部分将作为银行投资管理费收取。

2. "灵通快线"开放期产品购买.赎回方式

"灵通快线"系列的产品，在募集期和开放期都能申请购买，而赎回只能在开放期时才能执行。如表 6-3 所示是工商银行"灵通快线"系列的两个品种购买、赎回方式的具体内容。

表 6-3 工商银行"灵通快线"在开放期的购买与赎回

产品名称	购买、赎回方式	购买、赎回确认
工商银行"灵通快线"	开放期内，投资者可进行主动购买及赎回。营业网点主动购买和赎回时间为每个工作日的 9:00 ~ 15:30，网上银行主动购买时间为每个工作日的 0:00 ~ 15:30，网上银行赎回时间为每个工作日的 9:00 ~ 15:30；投资者可与工商银行签订自动理财协议，开放期内工商银行系统可根据投资者设置额度自动进行购买和赎回操作；单笔购买（赎回）量为交易级差（1000 份）的整数倍	1.投资者主动购买：T 日购买，实时确认，实时扣款；投资者自动购买：T 日购买，T+1 日确认，T+1 日扣款；T 日、T+1 日均为开放日 2.投资者主动赎回：T 日赎回，资金实时入账；投资者自动赎回：T 日赎回，资金 T+1 日入账；T 日、T+1 日均为开放日
"灵通快线"个人超短期高净值客户专属 7 天增利人民币理财产品	开放时间内接受购买和赎回申请；自产品起始日（不含当日）起，非开放时间可提出购买和赎回预约申请，等同在下一开放日的开放时间内提出购买和赎回申请；开放时间参照"工商银行灵通快线"产品的开放时间	1.投资者可于工作日 T 日购买，T+1 日确认，T+1 日扣款。T 日、T+1 日均为开放日。 2.投资者持有份额 7 天以上，可于 T 日进行赎回，T 日确认，全额赎回时，本金及收益将于 T+1 日到账；部分赎回时，部分赎回的本金将于 T+1 日到账。赎回到账日不计息。T 日、T+1 日均为开放日

【提示注意】

"灵通快线个人超短期高净值客户专属 7 天增利人民币理财产品"每次分红兑付日与产品赎回日之间的收益，按实际天数计算。部分赎回时，部分赎回的收益按持有期间计算，于最近一个分红兑付日兑付，次日到账。

3．"灵通快线"理财产品费率．收益计算及分配

投资者若想购买"灵通快线"系列的理财产品，了解其投资特点和购买、赎回方式还不够，还需要知道产品的费率标准、收益计算及分配等情况，这样才能清楚自己购买理财产品所要花费的额外成本和收益的计算方法。

■ 产品费率

不同的"灵通快线"产品有不同的费率标准。"工商银行灵通快线"的销售手续费率为 0.6%（年化，按日由资产余额计提），托管费率为 0.03%（年化，按日由资产余额计提）；而"灵通快线个人超短期高净值客户专属 7 天理财产品"的销售手续费率为 0.2%（年化，按日由资产余额计提）；托管费率为 0.03%（年化，按日由资产余额计提）。

■ 收益计算及分配

不同的"灵通快线"产品除了费率标准不同外，其收益的计算方式和分配规则也不同。下面先来看看"工商银行灵通快线"产品的收益计算和分配。

工商银行将根据市场利率变动及资金运作情况，不定期调整各档次预期最高年化收益率，并至少于新预期最高年化收益率启用前一个工作日公布。工商银行根据客户（投资者）当日理财产品账户余额及适用收益率按日计算收益，按季分红。分红权益登记日为每季季末月 24 日，分红资金在分红权益登记日后第 3 个工作日划入客户投资资金账户。

当客户赎回（含客户主动赎回和系统自动赎回）理财产品时，工商银行同时兑付客户赎回理财资金及当期收益。其中，当期收益计算公式为：当期收益 = ($\sum$ i=1Ri×Pi)/365。Ri 为计提期第 i 日的适用收益率，Pi 为相应计提期第 i 日理财账户余额。

例1：某客户购买 10 万份本产品并持有 30 天后赎回，扣除托管费和

产品管理费后，若产品达到预期最高年化收益率2.1%，则客户当期收益为：100000×2.1%×30/365=172.60（元）。其他费率的情况按照此公式计算，即可得出相应的当期收益。

例2：某客户购买500万份本产品，持有15天后赎回200万份，剩余300万份产品继续持有10天后赎回200万份。此后，剩余100万份产品继续持有10天后赎回90万份，最后剩余10万份产品继续持有5天后全部赎回，扣除托管费和产品管理费后。若前15天的200万份产品达到预期最高年化收益率为2.8%，随后10天的200万份产品达到预期最高年化收益率为2.5%，再后10天的90万份产品达到预期最高年化收益率为2.3%，最后5天的10万份产品达到预期最高年化收益率为2.1%，则客户当期收益为：5000000×2.8%×15/365+3000000×2.5%×10/365+1000000×2.3%×10/365+100000×2.1%×5/365=8467.12（元）。

"灵通快线个人超短期高净值客户专属7天理财产品"的收益计算方式与"工商银行灵通快线"产品的计算方式相同，但分配规则不同，具体情况如下。

银行根据客户（投资者）当日理财产品账户余额及适用收益率按日计算收益，每周一分红登记，分红资金在到账日划入客户指定资金账户。当理财产品全部赎回时，银行同时兑付客户赎回理财资金及当期收益。

例：某客户投资10万元，于某周三购买本产品，30日后假设收益率为2.2%，某周五赎回，若产品所投资的资产按时收回全额本金和收益，则扣除销售手续费和托管费后，客户当期收益的计算和分配如下。

购买日后次周周一分红为：100000×2.2%×5/365=30.14（元）；

持有期第二、三、四周的周一分红为：100000×2.2%×7/365×3=126.58（元）；

全额赎回后当期收益为：100000×2.2%×4/365=24.11（元）；

持有期总收益为：30.14+126.58+24.11=180.83（元）。

上述情况与举例仅为向客户介绍收益计算方法之用，并不代表以上的所有情形或某一情形一定会发生，也不代表工商银行认为发生的可能性很大。在任何情况下，客户所能获得的最终收益以工商银行的实际支付为准。

6.3 中长期产品的投资

银行中长期理财产品的品种多样，且与短期理财产品相比，收益率普遍较高。大部分中长期产品的风险也都在大众投资者的承受范围之内，所以中长期理财产品也是投资者的理财选择之一。下面以建设银行理财产品为例讲解具体内容。

1. 乾元－薪享通代工专享 2016-3 理财产品

"乾元－薪享通代工专享2016-3"理财产品是建设银行于2016年8月5日发行的一款投资期限为91天的中长期理财产品，具体详情如表6-4所示。

表 6-4　乾元－薪享通代工专享 2016-3 理财产品详情

名称	详情	名称	详情
预期年化收益率	3.8%	首次起购金额	5万元
投资期限	91天	发行时间（募集期）	2016.8.5
是否保本	非保本	可否赎回	不可赎回
投资币种	人民币	风险等级	低风险
发行区域	全国	产品成立时间	2016.8.11

该产品为非保本浮动收益型理财产品，内部风险评级为两盏警示灯，不提供本金保护，但投资者本金亏损和预期收益不能实现的概率较低，适合收益型、稳健型、进取型和积极进取型投资者。

投资者购买该理财产品时需要注意，建设银行不负责代扣代缴客户（投资者）购买本期产品的所得税款项。

另外，该产品的募集上限为 30 亿元，并且不设下限，建设银行可根据市场情况等调整产品规模上限，并至少于调整规模上下限之日的前两个产品工作日（产品存续期内每一银行法定工作日即为产品工作日，如遇特殊情况，以建设银行具体公告为准）进行公告。

以"乾元－薪享通代工专享 2016-3"理财产品为例，其投资方向主要是资产组合型人民币理财产品项下的债权类资产、债券、货币市场工具类资产及其他符合监管要求的资产组合。其中，债权类资产的投资比例不低于 20%，债券和货币市场工具类资产的投资比例不超过 80%，其他符合监管要求的资产组合投资比例不超过 70%。

其他中长期理财产品都有自己独特的投资方向，投资者需要自行查看具体的内容，各种投资对象的投资比例也不会和"乾元－薪享通代工专享 2016-3 理财产品"相同，也需要投资者自己进入银行官网查询，这里就不再一一讲解。

2. 建设银行中长期产品的认购与赎回

每个银行的中长期理财产品都不止一种，每种产品的认购和赎回方式与费率等都有一定的差异。下面以建设银行"乾元－薪享通代工专享 2016-3 理财产品"为例，讲讲中长期产品的认购与赎回。

投资者认购"乾元－薪享通代工专享 2016-3"理财产品时，需要提前将理财资金存入客户指定账户，并且该产品在运行期间不开放申购、追加投资和赎回。

投资者可以在产品认购期（2016 年 8 月 5~10 日）的时间段内，通过网上银行或手机银行购买该产品。同时也可通过建设银行指定网点购买该产品，具体购买时间以网点公布的营业时间为准。

该产品的起点认购金额为 5 万元，涉及的固定费用有产品托管费和销售费。其中，产品托管费率为产品规模的 0.05%/ 年，销售费率为产品规模的 0.1%/ 年。

该产品在存续期间，建设银行有权提前终止产品。提前终止产品时，建设银行将至少在提前终止日之前两个工作日进行公告，并在提前终止日之后的 5 个工作日内向投资者返还投资本金和应得收益，应得收益按实际理财期限（天数）和实际收益率计算。

投资者持有该产品至产品到期日，建设银行于到期日后一个产品工作日内将投资者理财本金及收益划转至投资者协议约定的账户。其中，遇到法定节假日将顺延。

3．建设银行中长期产品的收益计算

相信很多投资者理财时，最在意的就是理财产品的收益。收益是资产增值的结果，下面以建设银行"乾元 - 薪享通代工专享 2016-3"理财产品为例，具体讲解其收益的计算和分配。

投资者购买该理财产品时，在投资于基础资产的本金按时足额回收的情况下，投资于基础资产的收益在扣除产品托管费和销售费等固定费用后，若剩余收益率小于投资者预期年化收益率，则收益按剩余收益计算；若剩余收益率为负值，则收益可能面临本金部分亏损。

建设银行根据投资者投资本金、产品期限（天数）和实际年化收益率按日计算收益，其具体公式如下。

投资者收益＝投资本金 × 实际年化收益率 × 产品期限（天数）/365

假设某投资者投资本金为 100 万元，产品期限为 91 天，建设银行公布的预期年化收益率为 3.8%，中途没有进行预期年化收益率的调整，且在产品到期日，实际年化收益率为预期年化收益率。则到期日投资者可获得的收益为：$1000000 × 3.8\% × 91/365 = 9473.97$（元）。

在实际投资活动中，有时银行会遇到特殊情况不得不提前终止产品的运行，如果提前终止产品，投资者的收益又如何计算呢？其具体公式如下。

提前终止产品时投资者的收益＝投资本金 × 实际年化收益率 × 实际存续期限（天数）/365

假设某客户的投资资金也是 100 万元，由于发生了一些特殊状况，银行提前终止了该产品的运行，投资者的实际理财天数为 60 天，实际年化收益率为 3.8%。则投资者的实际收益为：$1000000 × 3.8\% × 60/365 = 6246.58$（元）。

其他一些中长期的银行理财产品的收益涉及每期分红，这时将每期的收益相加即可计算出总的收益。

4．建设银行中期理财产品风险揭示

无论是建设银行还是其他银行，所有中期理财产品都应该有风险揭示说明书。下面以"乾元－薪享通代工专享 2016-3"理财产品为例，介绍其风险揭示的具体内容。

"乾元－薪享通代工专享 2016-3"理财产品的风险等级为两盏警示

灯，属于较低风险的理财产品。其风险揭示说明书中列举了一些建设银行不承担责任的风险，下面介绍其中的一部分内容。

- ◆ **政策风险**：本期产品是按照当前的法律法规及相关规定和政策设计的，如果国家宏观政策或市场法律法规等发生变化，可能影响本期产品的受理、运作和清算等业务的正常进行，导致投资者本金的损失风险或产品被宣告提前终止等。

- ◆ **信用风险**：本期产品的基础资产项下的义务人可能出现违约情形，投资者因此可能面临收益损失或本金损失的风险。

- ◆ **流动性风险**：本期产品在存续期内，投资者没有提前终止权，不可赎回本期产品。因此，可能导致投资者需要资金时不能随时变现，进而使客户丧失其他投资机会的风险。

- ◆ **不可抗力及意外事件风险**：包括但不限于自然灾害、金融市场危机及战争等不能预见、不能避免及不能克服的意外事件发生，对产品的成立、运作及收益等造成影响或损失的风险。

除以上内容，该产品还可能面临市场风险、管理风险、利率及通过膨胀风险、抵（质）押物变现风险、信息传递风险、产品不成立风险及提前终止风险等。这些风险，建设银行都不承诺承担责任。

.07.

.PART.

中国银行
理财产品

农业银行
理财产品

交通银行
理财产品

银行选择，各大主流银行的理财产品

投资者在选择银行的理财产品时，对主流银行的信任度
比较高，认为资金更安全，而事实也确实如此。主流银行中
不仅有前面提到过的工商银行和建设银行，还有中国银行、
农业银行和交通银行，它们被称为"中国的五大行"。本章
将继续介绍中国银行、农业银行和交通银行的理财产品。

7.1 玩转中国银行理财产品

中国银行为国内五大商业银行之一，业务范围涵盖商业银行、投资银行、保险和航空租赁等，旗下有中银香港、中银国际和中银保险等控股金融机构。如此宽广的业务，其银行中会有什么样的理财产品呢？下面来具体了解和学习。

1．中国银行的理财特点

每个银行在长期发展过程中，针对客户的需求提供不同的服务，久而久之便会形成自身的理财特点。投资者在选择银行理财产品做投资之前，可以了解各银行的理财特点，这也是投资者做出理财决定的参考因素之一。

中国银行作为国内传统五大行之一，有着悠久的历史、雄厚的资产和用户资源。当然，也在经济发展的过程中形成了自身的理财特点，具体内容如下所示。

◆ **运作时间长**：中国银行虽然推出了很多短期内理财产品，但从理财产品的整体比例来看，运作周期 3 个月以上的理财产品占绝大多数，与其他银行相比，中国银行同类型的理财产品的运作周期为 160 天左右，而其他银行一般为 109 天，甚至是 96 天。

◆ **募集期偏长**：中国银行于 2016 年 8 月 9 日更新的人民币理财产品的平均募集期约为 4.94 天，而其他银行的在售理财产品的平均募集期大概是 3.5 天。

◆ **非保本型理财产品居多**：中国银行推出的理财产品中，非保本型产品占绝大多数，保本型理财产品越来越少。当然，这也是其他主流银行的理财特点之一。

由中国银行的理财特点可以看出，对资金流动性要求较高的投资者在购买中国银行的理财产品之前，要了解清楚产品能不能提前赎回，如果不能，则投资者最好不要购买相应的理财产品。因为无法提前赎回的产品，在投资者急需用钱时不能及时变现，可能会给投资者带来麻烦。

另外，银行理财产品的募集期关系到投资者投资资金开始计算收益的时间，因为很多银行理财产品在募集期内不计算收益。投资者如果选择募集期较长的品种，会造成资金虽已购买了理财产品，但并没有获得收益，相当于闲置在产品中一样。所以，投资者在购买中国银行的理财产品时要充分考虑募集期不计收益的情况，防止资金被动闲置。

2．中国银行人民币理财产品

中国银行人民币理财产品中，很多都以"系列"的形式出现，每个系列中的产品投资期限不同，对应的预期年化收益率也就不同。具体的系列产品如表 7-1 所示。

表 7-1　中国银行的部分系列理财产品

系列理财产品名称	子产品
中银平稳理财计划——智荟系列	该系列的理财产品按投资周期的不同，有 364 天、182 天、98 天、94 天、77 天和 32 天等相关产品，这些产品中又有财富私行专属（94 天）、理财客户专属（98 天）、进阶增利 -50 万（77 天）及其他品种这样的划分方式
中银智荟理财计划 × 年 × 期	该系列的产品名称主要以发行年份和递增期数命名，不同期的产品其投资期限不同，有 364 天、186 天、95 天和 70 天等品种，一般来说，产品的投资期限越长，预期年化收益率就会越高，风险程度也有明显不同

续表

系列理财产品名称	子产品
中银基智通理财计划——流动性增强系列 × 年 × 期	该系列的理财产品也有不同的投资期限，如 364 天、343 天、182 天、179 天、95 天、91 天、84 天、70 天、63 天、42 天及 39 天等产品。并且，这一系列的理财产品分 A、B 两种，一般在产品名称中都会说明是第 A× 期或者第 B× 期
中银智富理财计划 × 年 × 期	该系列的产品投资期限也有不同，如 182 天和 181 天等。该系列的理财产品针对不同等级的投资者，比如进阶增利 −100 万和财富私行专属等

中国银行还有其他系列产品，这里就不再一一详述。下面以"中银智荟理财计划"系列理财产品为例，讲讲其具体的内容。

该系列的理财产品主要投资于固定收益产品及不违反监管规定的债权类资产，风险等级属于中低风险理财产品，收益类型为非保本浮动收益型，中国银行不提供保本和保收益的承诺。而且，该系列的理财产品投资期限在 2 ~ 12 个月，投资者购买本系列理财产品后不能提前赎回。

所以，该系列理财产品适合拥有闲置资金并对流动性要求不高的投资者，也适合希望获得高于定期存款收益、愿意承担该理财计划涉及的风险且有经验的投资者。

张先生是一家公司的管理人员，工资处于中等水平。为了增加家庭的资产，他决定购买一种银行理财产品试水，如果效益好的话，以后就通过银行理财产品进行投资理财。

张先生在了解了多家银行的理财产品后，最终选择购买中国银行的理财产品，选择中国银行的其中一个原因是其手中的银行卡几乎都是中国银行的。为了方便日后理财资金的划转，张先生决定购买中国银行的理财产品。但是具体要选择哪一款理财产品呢？这让张先生犯难了。为了保险起见，张先生决定亲自去中国银行网点咨询。

多番打探下来，张先生决定购买"中银平稳理财计划——智荟系列"理财产品，投资期限为 98 天，预期年化收益率为 3.65%，起购金额为 5 万元。张先生于 2016 年 8 月 9 日用 5 万元购买了该产品，起息日为 2016 年 8 月 11 日，到期日为 2016 年 11 月 17 日。那么，张先生持有该理财产品至到期日时可获得的收益为：50000×3.65%×98/365 = 490（元）。也就是说，张先生购买该理财产品后，3 个多月的时间就能获得 490 元的收益。而如果张先生在 2016 年 8 月 9 日将这 5 万元存为中国银行的半年期定期存款，利率为 1.55%/ 年。半年后，张先生获得的收益为：50000×1.55%/2 = 387.5（元）。

由上述两种理财方法来看，张先生通过中国银行的"中银平稳理财计划——智荟系列"理财产品理财，3 个多月的收益比在中国银行存半年的定期存款的收益高。如此，张先生选择银行理财产品进行理财是明智之举。

3. 中国银行外币理财产品

由中国银行 2016 年 8 月 9 日更新的在售理财产品列表可以看出，当下有 6 个外币理财产品，具体情况如表 7-2 所示。

表 7-2　中国银行的外币理财产品

理财产品名称	大概情况
中银汇增 –A 计划美元 2016 年第 102 期	该产品投资期限为 373 天，预期年化收益率为 1.3%，9000 美元起售，投资者可以通过银行网点柜面、网上银行和手机银行等渠道购买，属于中低风险等级的理财产品，募集期为 2016 年 8 月 8 ~ 16 日，起息日为 2016 年 8 月 16 日，到期日为 2017 年 8 月 24 日
中银汇增 –A 计划澳元 2016 年第 48 期	该产品投资期限为 365 天，预期年化收益率为 2.3%，10000 澳元起售，投资者可以通过银行网点柜面、网上银行、手机银行、快信通和微信等渠道购买，属于中低风险等级的理财产品，募集期为 2016 年 8 月 5 ~ 10 日，起息日为 2016 年 8 月 11 日，到期日为 2017 年 8 月 11 日

续表

理财产品名称	大概情况
中银汇增 –A 计划澳元 2016 年第 47 期	该产品投资期限为 186 天，预期年化收益率为 1.8%，10000 澳元起售，投资者可以通过银行网点柜面、网上银行、手机银行、快信通及微信等渠道购买，属于中低风险等级的理财产品，募集期为 2016 年 8 月 5 ~ 10 日，起息日为 2016 年 8 月 11 日，到期日为 2017 年 2 月 13 日
中银汇增 –A 计划英镑 2016 年第 38 期	该产品投资期限为 365 天，预期年化收益率为 0.6%，6000 英镑起售，投资者可以通过银行网点柜面、网上银行、手机银行、快信通和微信等渠道购买，属于中低风险等级的理财产品，募集期为 2016 年 8 月 5 ~ 10 日，起息日为 2016 年 8 月 11 日，到期日为 2017 年 8 月 11 日
中银汇增 –A 计划英镑 2016 年第 37 期	该产品投资期限为 186 天，预期年化收益率为 0.4%，6000 英镑起售，投资者可以通过银行网点柜面、网上银行、手机银行、快信通和微信等渠道购买，属于中低风险等级的理财产品，募集期为 2016 年 8 月 5 ~ 10 日，起息日为 2016 年 8 月 11 日，到期日为 2017 年 2 月 13 日
中银汇增 –A 计划美元 2016 年第 101 期	该产品投资期限为 372 天，预期年化收益率为 1.3%，9000 美元起售，投资者可以通过银行网点柜面、网上银行、手机银行、快信通和微信等渠道购买，属于中低风险等级的理财产品，募集期为 2016 年 8 月 2 ~ 10 日，起息日为 2016 年 8 月 10 日，到期日为 2017 年 8 月 17 日

　　总的来说，中国银行的外币理财产品都属于中低风险的理财产品，且投资期限都较长，一般在半年及以上。从表 7-2 中可以看出，中国银行的外币理财产品的收益率普遍偏低，再加上投资时间长，所以很可能不受投资者的欢迎。但是，投资者可以了解这类产品的投资过程，丰富自己的理财知识和经验，具体的投资步骤如表 7-3 所示。

表 7-3　中国银行的外币投资步骤

步骤	具体内容
投资申请	投资者在中国银行对外公布外币理财产品交易细节、募集期限、起点金额、收益分配和风险揭示等内容后，充分了解这些内容，然后持本人有效身份证件和中国银行活期一本通，到中国银行指定的开办网点申请购买外币理财产品

续表

步骤	具体内容
签订协议	投资者确定购买某一外币理财产品后，与中国银行签订相关协议文本
交易成功	募集期结束后，募集资金达到市场交易要求，中国银行将按照协议规定进行相关交易。但如果募集资金未达到市场要求资金量，中国银行将取消该外币理财产品
收益支付	中国银行将在产品规定的收益支付日向投资者支付当期应得收益。若产品根据协议约定的条件提前终止或被提前赎回，中国银行将在相应提前终止日或赎回起息日将投资者应得的本金和收益支付给投资者

外币理财产品属于金融衍生产品范畴，其流动性相对较差，提前赎回的成本较高，产品的本金和收益均以外币计算，投资本金和收益的汇率风险难以规避。因此，这类产品适合为对资金流动性要求不高且有一定外汇投资经验的投资者。

4．长期开放类人民币理财产品

中国银行的长期开放类人民币理财产品的品种比较多，主要分为无固定存续期限、T+0 及期限累进等类型。其中，无固定存续期限的理财产品大都属于中等风险或中高等风险的理财产品；而 T+0 类和期限累进类的产品风险等级大都为中低等。

根据中国银行 2016 年 8 月 9 日更新的产品列表来看，无固定存续期的理财产品有中银稳健增长（R）、中银新兴市场（R）、中银债市通理财计划、中银精选基金第 003 期和中银精选基金第 004 期。这些产品的收益并不按照年化收益率计算，而是按照理财产品的净值计算。其中，中银稳健增长（R）、中银新兴市场（R）和中银债市通理财计划的起售金额为 10 万元，可通过银行网点柜面和网上银行申请购买，并且在每个交易日都开放申购和赎回；而中银精选基金第 003 期和中银精选基金第 004 期的起售金额为 20 万元，投资者只能到银行网点柜面申请购买，且只能定期开放申购和赎回。

T+0 类理财产品为"中银日积月累－日计划"，该产品的预期年化收益率为 2.45%，起售金额为 5 万元，投资者可以通过银行网点柜面、网上银行、手机银行、快信通和微信等渠道购买，每日开放申购和赎回（节假日除外）。

期限累进类的理财产品包括"中银日积月累－收益累进"和"中银集富·与时聚金"。这两种理财产品根据投资者的实际投资期限，对应实际年化收益率计算投资者的理财收益。如表 7-4 所示是"中银集富·与时聚金"理财产品的投资期限和对应年化收益率情况。

表 7-4　中国银行"中银集富·与时聚金"理财产品

投资期限（天）	年化收益率（%）	申购与赎回规则
$1 \leqslant T \leqslant 29$	2	1. 每日（除节假日）申购；
$30 \leqslant T \leqslant 89$	3.1	2. T 日购买，实时扣款，
$90 \leqslant T \leqslant 179$	3.4	当日开始计算收益；
$180 \leqslant T \leqslant 269$	3.6	3. 每周二开放赎回（节假日除外），赎回开放日若有变动，产品管理
$270 \leqslant T \leqslant 364$	3.7	人将至少提前两个工作日公告；
$365 \leqslant T \leqslant 547$	3.8	4. T 日赎回，本金和收益
$548 \leqslant T \leqslant 729$	3.85	于 T+1 日到账，到账日
$730 \leqslant T \leqslant 913$	3.9	若遇到节假日，则顺延
$914 \leqslant T \leqslant 1094$	3.95	至下一工作日
$T \geqslant 1095$（3 年）	4	

下面以"中银集富·与时聚金"为例，讲解具体的理财计划。

在税务所工作了 3 年的李先生，银行账户内有活期存款 20 万元，按 2015 年 10 月 24 日以后的活期存款利率计算（0.3%），李先生存一年活期存款所得的利息为：200000×0.3% = 600（元）。

如果李先生购买了中国银行的"中银集富·与时聚金"理财产品，并选择投资期限为 365 天，根据表 7-4 所示的信息，该投资期限处于 365 ≤ T ≤ 547 时间段，对应的年化收益率为 3.8%。那么李先生在投资期 365 天期满后可获得的理财收益为：200000×3.8% = 7600（元）。

两种理财方式相比较，20 万元的理财收益差额为 7600-600 = 7000（元），购买理财产品的资金使用效率为活期存款资金使用效率的 7600/600 = 12.67 倍。

如此看来，李先生选择购买中国银行的"中银集富·与时聚金"理财产品是正确的决定。

7.2 认识农业银行理财产品

> 农业银行也是中国五大银行之一，是中国主要的综合性金融服务提供商之一，致力于建设多功能协同的现代金融服务。和其他银行一样，农业银行也有自己的理财产品，下面就来详细了解这些产品的具体情况。

1. 农业银行的理财特点

农业银行是中国大型上市银行，最初成立于 1951 年，是新中国成立后的第一家国有商业银行，和中国银行一样，有着悠久的历史。农业银行也有其理财特点，具体介绍如下。

◆ **理财产品大多为封闭型**：截至 2016 年 8 月 10 日，农业银行在售的理财产品中，封闭型的产品占绝大多数，开放型产品的数量居中，剩下的几乎都是半封闭式的理财产品。

◆ **三农产品业务**：银行理财不仅包括特殊的理财产品，还有基金、保险和外汇等理财工具。甚至还有专门针对"三农"的三农产品，最有代表性的就是农业银行。

◆ **小微企业服务**：很多银行可能都有针对小微企业的理财服务，但是农业银行更加重视对小微企业的服务，将其作为银行理财的一个大方向，与"个人服务""企业服务"和"三农服务"同等重要。

◆ **有自己的基金品牌**："农银汇理基金"是农银汇理基金管理有限公司旗下的一个基金品牌，而农银汇理基金管理有限公司是由农业银行、东方汇理资产管理公司和中国铝业股份有限公司共同出资组建的，农业银行持有农银汇理基金管理有限公司 51.67% 的股份。

农业银行有非保本浮动收益型、保本浮动收益型和保证收益型等理财产品，因此适合多种类型的投资者选购理财产品。但是，开放式理财产品的整体收益没有封闭式理财产品的收益高，如果投资者想要获得高收益，就不能对资金的流动性有太高的要求。反之，如果投资者对资金的流动性要求很高，则想要获得较高的收益就不太可能。

因此，投资者在选购农业银行的理财产品时，要懂得取舍，并明确自己最想得到的是高收益还是高流动性，或者是中等收益和中等流动性。

2．农业银行理财产品

农业银行的理财产品也是以"系列"的形式居多，比如"金钥匙·安心得利"系列、"金钥匙·如意组合"系列、"农银财富·如意组合"系列、"农银私行·如意组合"系列、"农银私行·安心快线天天利"系列、"本利丰"系列以及"安心·灵动"系列等。具体介绍如表 7-5 所示。

表 7-5 农业银行的理财产品

理财产品系列	大概情况
"金钥匙·安心得利"	该系列理财产品大都为封闭式和半封闭式，截至 2016 年 8 月 10 日，在售的该系列产品中有 34 天、90 天、182 天和 359 天等期限。其中，封闭式产品的理财收益率较低，一般是 1.3% ~ 1.9%，半封闭式产品理财收益率较高，大概在 3.5%，收益率较低的是外币理财，收益率较高的是人民币理财
"金钥匙·如意组合"	该系列理财产品大都为封闭式，截至 2016 年 8 月 10 日，在售的该系列产品中有 34 天、62 天和 90 天等投资期限，投资收益一般在 3% ~ 4.2%，且都是非保本浮动收益型产品
"农银财富·如意组合"	该系列理财产品大都为封闭式，截至 2016 年 8 月 10 日，在售的该系列产品只有 34 天投资期限的品种，且收益在 3% ~ 4.05%，都是非保本浮动收益型产品
"农银私行·如意组合"	该系列理财产品也几乎都是封闭式，截至 2016 年 8 月 10 日，在售的该系列产品有 34 天和 90 天等投资期限，投资收益一般在 2.5% ~ 4.35%，也都是一些非保本浮动收益型产品
"农银私行·安心快线天天利"	该系列理财产品几乎都是开放式，截至 2016 年 8 月 10 日，在售的该系列产品只有 1827 天这一投资期限，收益在 2.55% ~ 3.77%，大都是非保本浮动收益型产品
"本利丰"	该系列理财产品涉及的方面较多，又分为 "本利丰" 定向人民币理财产品、"本利丰天天利" 开放式人民币理财产品及 "本利丰·×天" 人民币理财产品系列，产品类型涵盖了封闭式、半封闭式和开放式。截至 2016 年 8 月 10 日，在售的该系列产品有 34 天、62 天、90 天、92 天、181 天和 360 天等投资期限，投资收益在 1.9% ~ 2.9%，产品都是保本浮动收益型或保证收益型产品
"安心·灵动"	该系列产品的名称都以其持有期限而定，比如 "安心·灵动·30 天" 人民币理财产品的最低持有期限为 30 大。在售的该系列理财产品的投资期限有 20 天、30 天、45 天及 75 天等，都属于开放式产品，投资收益在 2.5% ~ 3.65%，且都是非保本浮动收益型产品

　　除了表 7-5 所示的系列产品之外，农业银行还有一些比较零散的理财产品，如 "金益农·惠农理财" 人民币理财产品和 "安心快线步步高"

人民币理财产品等。总的来说，农业银行的理财产品最多的就是人民币理财产品。但需要投资者注意的是，有的理财产品限定了销售区域，比如"安心快线天天利滚利第3期"只在江苏省销售，"本利丰"定向人民币理财产品只在青岛市销售，所以投资者在选购时要看清楚销售范围，以免到最后决定购买了却发现所处地区不在销售范围内，做了无用功。

下面以"本利丰·181天"人民币理财产品为例，讲解如何利用农业银行的理财产品进行投资理财。

"本利丰·181天"人民币理财产品为半封闭型产品，所以其过了认购期也能购买。该产品的认购结束日为2014年11月13日，但到期日为2019年11月14日，所以投资者在2019年11月14日之前的任何时间都能购买该产品，但如果要去银行网点购买，则需要按照银行网点规定的营业时间办理购买手续。该产品可保证投资者的收益，全国范围内都在发行，起购金额为5万元，属于低风险理财产品。

家住贵州的秦女士，在2016年7月时做生意赚了点钱，为了不让这些钱闲置在手中，秦女士决定用这些资金购买银行的理财产品。在经过多番考量之后，决定购买农业银行的"本利丰·181天"人民币理财产品，因为其保证收益，且预期年化收益率为2.85%，秦女士认为收益还算可观，所以用5万元购买了该产品。如果秦女士将此产品持有至到期，则其可以获得的收益为：$50000 \times 2.85\% \times 181/365 = 706.64$（元）。

如果秦女士将这5万元存入农业银行，且存为半年期的整存整取年利率为1.55%，则其半年后可以获得的收益为：$50000 \times 1.55\%/2 = 387.5$（元）。两种理财方式的差额为：$706.64 - 387.5 = 319.04$（元），通过购买"本利丰·181天"人民币理财产品所获得的收益几乎是银行半年定期存款收益的两倍。由此可见，秦女士购买农业银行的理财产品是比较明智的决定，其收获了比银行定期存款更高的收益。

3. "金钥匙·安心得利"产品投资细节

在介绍农业银行的理财产品时，我们已经认识了农业银行的"金钥匙·安心得利"系列产品的大概情况。接下来我们将详细了解"金钥匙·安心得利"产品的投资细节。

以"金钥匙·安心得利·181 天"人民币理财产品为例，该产品为半封闭型，投资期限为 181 天，预期年化收益率为 3.65%，起购金额为 5 万元，收益类型为非保本浮动收益型。

由于该产品是半封闭型的理财产品，所以投资者在认购期结束后也能认购该产品，只要在到期日 2017 年 12 月 29 日之前即可。在投资过程中，若投资者发现该产品的行情很好，可以追加投资，追加申购起点金额为 100 元，每次递增金额也为 100 元。投资者可以通过农业银行授权网点、网上银行、掌上银行及现金管理平台等渠道购买该产品。

投资者在开放期内都可购买该产品。其中，开放期为每个工作日，开放期的 0:00 ~ 17:00（含）为申购开放时段，在非申购开放时段，投资者可提出预约申请或预约追加申购申请。另外，在银行网点的营业时间内，投资者可以亲自去银行网点办理申购手续。如表 7-6 所示是"金钥匙·安心得利·181 天"理财产品的申购起息确认标准。

表 7-6　"金钥匙·安心得利·181 天"理财产品的申购起息确认标准

时间	功能	起息日
银行工作日：0:00 ~ 17:00	申购 / 追加申购	下一个自然日
银行工作日：17:00 ~ 24:00	预约申购 / 预约追加申购	下一工作日次日
非银行工作日：0:00 ~ 24:00	预约申购 / 预约追加申购	下一工作日次日

一年按 365 天计算，投资者购买该产品后，计息天数按实际理财天数计算。募集期内（起息前一日除外），投资者的理财资金按活期利息计算

收益。若是产品提前终止运行，则提前终止日起到约定到期日之间的时间不计算理财收益。另外，投资者购买该产品产生的任何现有或将来的税收（包括但不限于利息税）、开支、费用及任何其他性质的支出由投资者自行承担，农业银行不为投资者预提此类费用。

投资者还需知道，该产品的投资者范围是银行间债券、投资类信托计划、委托类资产和同业存款等低风险的投资品种。到期日或提前终止日至理财资金返还到账日为理财产品清算期，清算期理财资金不计算收益，而银行会在产品到期日或提前终止日的后两个银行工作日内一次性支付理财本金和收益给投资者。

"金钥匙·安心得利·181天"理财产品的投资人收益计算公式如下。

投资者理财收益＝理财本金 × 预期年化收益率 × 实际理财天数 /365。

假设某投资者用 10 万元人民币购买了该产品，到期扣除费用后实现了最高年化收益率 3.65%，且实际理财天数为 181 天，则投资者的理财收益为：$100000 × 3.65\% × 181/365 = 1810$（元）。

为了方便投资者计算某理财产品的收益金额，农业银行特别为投资者提供了理财产品收益计算器，投资者只需进入某理财产品的详情页面，在"投资金额"文本框中输入要投资的金额，单击"计算"按钮，此时即可查看投资预期收益，如图 7-1 所示。

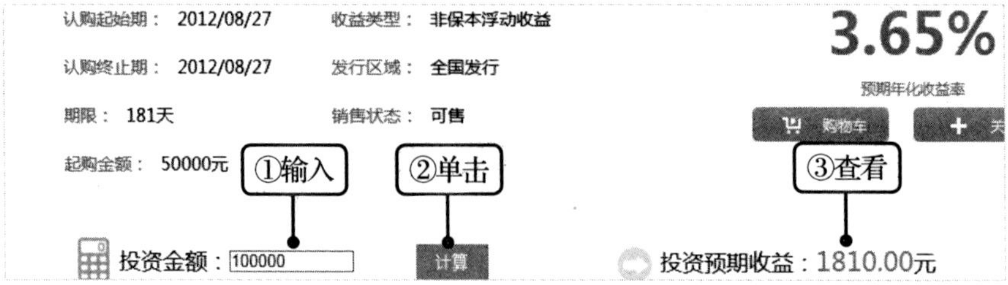

图 7-1　农业银行理财产品收益计算器计算收益

PART 07
银行选择，各大主流银行的理财产品

4. 农银汇理基金

农银汇理基金是农业银行自身的一个基金理财品牌，也是一种大型的基金品种。农银汇理基金分为股票型、指数型、混合型、债券型、货币型和短期理财型等品种。其中，股票型、指数型、混合型和债券型基金的收益按照基金单位净值计算，而货币型和短期理财型基金的收益按照每日万份收益率计算。下面以"农银汇理行业成长基金"为例，讲解具体的认购、赎回内容和相关事项。

农银汇理行业成长基金为契约型开放式基金，通常适合成长型投资者投资。如下所示的是"农银汇理行业成长基金"的认购、赎回等信息。

◆ **首次认购/申购起点金额**：1000元。

◆ **追加认购/申购额**：1000元。

◆ **认购费率**：认购金额＜50万元，1.2%；50万元≤认购金额＜100万元，0.8%；100万元≤认购金额＜500万元，0.6%；认购金额≥500万元，1000元/笔。

◆ **申购费率**：申购金额＜50万元，1.5%；50万元≤申购金额＜100万元，1%；100万元≤申购金额＜500万元，0.8%；认购金额≥500万元，1000元/笔。

◆ **最低赎回份额**：0份。

◆ **赎回费率**：持有期限＜1年，0.5%；1年≤持有期限＜2年，0.25%；持有期限≥2年，0费率。

◆ **其他费率**：托管费率为0.025‰，管理费率为0.15‰。

由于农银汇理行业成长基金属于股票型基金，因此其投资收益要按基金净值计算。下面通过一个具体的例子来了解农银汇理行业成长基金的收益计算方式。

周先生是某外贸公司的高层管理人员，闲暇之时就想将手中的一些闲置资金拿来购买银行理财产品。在了解了多个银行的多种理财产品后，周先生决定购买农业银行的"农银汇理行业成长基金"。

周先生用 10000 元资金在 2015 年 8 月 10 日申购了"农银汇理行业成长基金"，当天的基金净值为 2.5446 元，如果周先生持有该基金到 2016 年 8 月 9 日将基金赎回，当天的基金净值为 2.2393 元，则周先生需要支付的申购费率为 1.5%，赎回费率为 0.25%，托管费率为 0.025‰，管理费率为 0.15‰。而到期收益＝ [本金 /（1 ＋申购费率）/ 申购日净值]× 赎回日净值 ×（1 —赎回费率）—本金，那么周先生可获得的收益及到期本金与收益的总和如下。

到期收益＝ [10000/（1 ＋ 1.5%）/2.5446]×2.2393×（1 — 0.25%）— 10000 ＝ - 1351.52（元），即周先生投资亏损了 1351.52 元。

费用支出＝ 10000×0.025‰＋ 10000×0.15‰＝ 1.75（元）

本金和收益之和＝ 10000 — 1351.52 — 1.75 ＝ 8646.73（元）

因此，周先生在赎回该基金时，只能拿到 8646.73 元的资金，说明此次理财亏损了。其实，从申购日和赎回日的基金净值就可以预测，周先生此次理财会亏损。因为赎回日的基金净值低于申购日的基金净值，再加上支付一些其他的费用，所以其理财资金遭受了损失。

7.3 涉足交通银行理财产品

交通银行逐步发展壮大，其业务范围也在不断扩大，目前已是国内五大行之一，是国内的主流银行，接下来我们就来了解交通银行的理财产品。

1. 交通银行的理财特点

交通银行作为五大行中的新起之秀，其理财特点比较突出。大部分理财产品的风险较低，预期收益率比较可观，最高可达 12.8%。而且其理财产品投资期限较短，即使最长的期限也就一年。由此，可以分析得出，交通银行的理财产品适合保守型、稳健型、成长型、平衡型和进取型等类型的投资者。由于交通银行的理财产品投资期限普遍偏短，无论投资者对资金流动性的要求是高还是低，都能在交通银行的理财产品中找到适合自己的产品。

另外，交通银行的理财产品中，风险等级为 3R（平衡型）的理财产品所占比例较大，预期年化收益率在 3% ~ 12.8%。除了上述特点外，交通银行的理财特点还有如下所示的几点。

◆ 理财产品的投资标的一般是国内投资者很难买到的、在全球比较出名的优质基金。

◆ 投资组合搭配采用的技术是国际领先的搭配方法，因此在专业度上有很高的保障。

◆ 交通银行的理财产品是国内第--个与海外基金挂钩的人民币理财产品。所以其运行能力更高，投资安全性也会相应更高。

2. 1R 型"得利宝天添利 C 款"

"得利宝天添利 C 款"是交通银行理财产品中的一种，风险等级为 1R（保守型），预期收益率为 2.15%，起售金额为 5 万元，递增金额为 1 元。该理财产品的收益属于保本浮动收益型，即交通银行只向投资者承诺保证本金不亏损，但是不保证一定能获取收益。如表 7-7 所示的内容是投资者在购买"得利宝天添利 C 款"理财产品之前需要知道的信息。

表 7-7 "得利宝天添利 C 款"理财产品

项目名称	内容
产品销售地区	全国
单位金额	1 元人民币为 1 份
产品成立日	2010 年 9 月 26 日
产品到期日	持续运作，银行有权提前终止
产品开放期	2010 年 10 月 8 日起至产品提前终止日
产品交易时间	00:00 ~ 24:00（以银行系统时间为准）
产品申购	1. 申购和赎回申请受理时间：理财产品开放期内任意工作日 00:00 ~ 24:00； 2. 申购的扣款和确认时间：申购申请为实时扣款（扣款后不再计付扣款资金的活期利息），但理财收益的计算起始时间为申购申请确认当日（含）。若投资者在工作日 19:00 前提出申购申请，则申请将于当日得到确认。若投资者在工作日 19:00 之后或非工作日提出申购申请，则申请将顺延至下一个工作日得到确认
产品赎回	1. 赎回的确认和到账时间：若投资者在工作日 19:00 前提出赎回申请，则申请将于当日得到确认。若投资者在工作日 19:00 之后提出赎回申请，则申请将顺延至下一工作日得到确认。理财收益的计算截止日期为赎回申请当日（不含）。投资者赎回理财产品时，赎回的理财产品份额对应的应得本金即时到账，对应的理财收益于赎回确认日当日划转至投资者清算账户； 2. 赎回份额要求：投资者可选择全额赎回或部分赎回该产品，最低赎回份额为 0.01 份，最低持有份额为 0.01 份。投资者申请部分赎回后，若持有该理财产品的份额经系统确认后少于 0.01 份，此时投资者应申请全额赎回理财产品，否则该部分赎回申请将不被受理； 3. 巨额赎回：该理财产品存续期间，若任一工作日赎回额超过该理财产品上一工作日规模的 30% 时即为巨额赎回，银行有权拒绝接受当日赎回申请，投资者可在下一个工作日发起赎回申请。若连续两个工作日（含）以上发生巨额赎回，银行有权暂停接受赎回申请，并最迟于下一工作日通过银行营业网点及银行门户网站（www.bankcomm.com）进行公告
产品费用	托管费率为 0.05%，按月收取；投资管理费以投资运作收益为限，若投资者投资所得未达到按预期年化收益率计算的收益，则银行不收取管理费，若产品运作所得超过了按预期年化收益率计算的收益，则超过部分将作为投资管理费归银行所有

该产品的投资收益每日计算一次，每月 15 日为收益结转日，银行采取按月分配投资者理财收益的方式，将投资者每月获得的收益在收益结转日后的两个工作日内划转到投资者的清算账户中。需要注意的是，投资者每日的收益在支付前不计付利息，也不转换为理财产品份额。

假设某投资者在 2016 年 2 月 16 日 10:00 时，申购了"得利宝天添利 C 款"10 万份（10 万元），如果当日的理财实际年化收益率为 2.15%，则该投资者的当日理财收益为：$100000 \times 2.15\%/365 = 5.89$（元）。若投资者一直持有该产品，且每天的实际年化收益率都为 2.15%，则一周后获得的收益为：$5.89 \times 7 = 41.23$（元）。

按理想化的状态考虑，若每天的年化收益率都为 2.15%，当该投资者持有该产品到 2016 年 3 月 15 日时，当天银行将对之前 29 天的收益进行结转，总共的收益为：$5.89 \times 29 = 170.81$（元）。这 170.81 元的收益将在 2016 年 3 月 15 日后的两个工作日内划转到该投资者的清算账户。

3．2R 型"天添利 F 款"

"天添利 F 款"全称为"得利宝天添利 F 款"，是交通银行中风险等级为 2R（稳健型）的理财产品，预期年化收益率在 2% ~ 3.5%，起售金额为 5 万元，递增金额为 1000 元。该理财产品属于非保本浮动收益型，即银行不承诺保证本金，更不保证一定能获取收益。如表 7-8 所示的是投资者在购买"天添利 F 款"理财产品之前需要知道的重要内容。

表 7-8 "天添利 F 款"理财产品

项目名称	内容
产品销售地区	全国
单位金额	1 元人民币为 1 份

续表

项目名称	内容
产品成立日	2013 年 4 月 8 日
产品到期日	持续运作，银行有权提前终止
产品开放期	2013 年 4 月 9 日起至产品提前终止日
产品交易时间	08:45 ～ 15:30（以银行系统时间为准）
产品申购	1. 申购和赎回申请受理时间：赎回申请受理时间为产品开放期内每个工作日的交易时间，申购申请受理时间不受上述限制； 2. 申购的扣款和确认时间：申购申请为实时扣款（扣款后不再计付扣款资金的活期利息），但理财收益的计算起始时间为申购申请确认当日（含）。若投资者在工作日交易时间内提出申购申请，则申请将于当日得到确认。若投资者在工作日非交易时间或非工作时间提出申购申请，则申请将顺延至下一个工作日得到确认； 3. 投资者的每笔申购金额分别生成申购明细，每笔申购金额不得低于投资起点金额
产品赎回	1. 赎回的确认和到账时间：赎回申请即时获得确认，理财收益的计算截止日期为赎回确认日当日（不含）。投资者赎回理财产品时，赎回的理财产品份额对应的应得本金即时到账，对应的应得理财收益于赎回确认日划转至投资者清算账户； 2. 赎回份额要求：投资者可选择全额赎回或部分赎回该产品，最低赎回份额为 1000 份，单笔申购的最低持有份额为 5 万份。投资者申请部分赎回的，若其持有该理财产品的份额经系统确认后少于 5 万份，投资者应申请全额赎回理财产品，否则该部分赎回申请将不被受理； 3. 巨额赎回：该理财产品存续期间，任一工作日赎回份额超过该理财产品上一工作日规模的 30% 时，即为巨额赎回，银行有权拒绝接受当日赎回申请，投资者可在下一个工作日再次发起赎回申请。若连续两个工作日（含）以上发生巨额赎回，银行有权暂停接受赎回申请，并最迟于下一工作日通过银行营业网点及银行门户网站进行公告
产品费用	托管费率为 0.05%，按月收取；销售手续费率为 0.8%，按月收取；投资管理费以投资运作收益为限，若投资者投资所得未达到按预期年化收益率计算的收益，则银行不收取管理费，若产品运作所得超过了按预期年化收益率计算的收益，则超过部分将作为投资管理费归银行所有

该产品非工作日的理财收益率适用前一工作日的理财收益率，如周六、周日为非工作日，且该周周五为工作日的，周六及周日的理财收益率按周五的理财收益率计算。需要投资者注意的是，若通过两个以上清算账户购买该理财产品，理财收益按购买该理财产品的清算账户分别计算，而且每日的理财收益在支付前不计付利息，也不转换为理财产品份额。如表7-9所示的是该产品实际存续期限对应的预期年化收益率情况。

表7-9　"天添利F款"实际存续天数与预期年化收益率的关系

存续天数	预期年化收益率
T＜7天	2%
7天≤T＜14天	2.3%
14天≤T＜30天	2.5%
30天≤T＜60天	3.1%
60天≤T＜90天	3.5%
T≥90天	3.8%

例1，某投资者于2016年4月15日申购确认1000万份该产品，又于2016年5月16日申购确认1000万份。投资者决定在2016年6月28日赎回1500万份，于是选择赎回4月15日申购的1000万份和5月16日申购的500万份，对应的存续天数分别为74天和43天，对应的实际年化收益率分别为3.5%和3.1%。所以，投资者赎回1500万份该产品的收益为：$10000000 \times 3.5\% \times 74/365 + 5000000 \times 3.1\% \times 43/365 = 89219.18$（元）。

例2，如果投资者于2016年3月25日申购确认1000万份该产品，且假设在2016年4月11日银行将该产品存续期限为14（含）～30天的对应实际年化收益率从2.5%调整为2.9%，而投资者于2016年4月15日赎回确认500万份，赎回份额的存续天数为21天。其中，3月25日～4月10日期间的实际年化收益率为2.5%，4月11～15日期间对应的实际年化收益率为 2.9%。则投资者赎回 500 万份该产品的收益为：$5000000 \times 2.5\% \times 17/365 + 5000000 \times 2.9\% \times 4/365 = 7410.96$（元）。

4．其他风险等级的理财产品

交通银行的理财产品除了有 1R 型和 2R 型的理财产品外，还有 3R 型、4R 型和 5R 型的理财产品。

3R 型的理财产品表示投资风险等级为中等风险，属于平衡型理财产品。比较特殊的是，有些 3R 型的理财产品没有承诺预期年化收益率，如"私银悦行净值型"和"得利宝私银周享 A 款"等理财产品。3R 型理财产品最低的起购金额为 10 万元，而最高起购金额可达到 50 万元。另外，3R 型理财产品的预期年化收益率普遍偏高，对风险承受能力较强的投资者来说投资 3R 型产品是一个不错的选择。

截至 2016 年 8 月 11 日，交通银行的 4R 型理财产品只有"私银智行全球配置"这一种，属于增长型的中高等风险产品，没有设置预期年化收益率。该产品的起购金额为 100 万元，所以不是普通投资者可以申购到的理财的品种。该品种对投资者的资金雄厚程度要求很高，普通投资者尽可能绕道而行。

交通银行的 5R 型理财产品比较少，因为其属于高风险产品，所以投资收益无法保证，甚至可能出现投资本金亏损的情况。截至 2016 年 8 月 11 日，5R 型的所有产品起购金额都为 50 万元，普通投资者要量力而行，尽量不选择 5R 型的产品。

3R 型、4R 型和 5R 型的理财产品，与 1R 型和 2R 型的理财产品在申购、赎回的大致流程上没有区别，只是在具体的时间段、具体的投资收益率及各种费率等方面有明显的不同，投资者可在选购时认真查看。

结构性存
款的投资

超短期
银行理财

银行推出的
各类"宝"

银行理财
新花样

品种选择，银行理财产品种类多

银行的理财产品，除了可以按风险等级和投资对象来划分种类外，还可以按照理财产品的本质特征划分。本章就来了解银行理财产品中的结构性存款、高端的代客理财、超短期产品、"宝宝"类理财品种、实物型投资产品及其他创意理财新花样。

8.1 结构性存款的投资

> 结构性存款是运用利率、汇率产品与传统的存款业务相结合的一种创新存款，也可称为收益增值产品。结构性存款的特点是存款期限长，最短的为一年。这种存款的收益率要高出同期存款收益率的数倍，因此深受投资者青睐和追捧。

结构性存款，通常分为收益型结构性存款和外汇结构性存款。收益型结构性存款是指收益稳定，保证本金的结构性存款，而外汇结构性存款是指在普通外汇存款的基础上嵌入某种金融衍生工具（主要是各类期权），通过与利率、汇率和指数等的波动挂钩，或与某实体的信用情况挂钩，从而使存款人（投资者）在承受一定风险的基础上获得较高收益的业务产品。

结构性存款的特点是高收益、保本金但流动性差。结构性存款的本金通常为 100% 保护，存款人要承担的风险只是利息可能发生亏损。另外，存款人在结构性存款期间不得提前支取本金。由此看来，该产品适合对收益要求较高、流动性要求较低、外汇汇率及利率走势有一定认识，且有能力承担风险的投资者。

1. 学会分析挂钩项目

结构性存款可以通过挂钩项目的不同来进行分类，比如挂钩收益率区间型和挂钩汇率区间型。为了弄清楚结构性存款产品的类型，投资者需要先弄清楚其挂钩的项目。因此，学会分析结构性存款的挂钩项目是不可缺少的理财技巧。

（1）挂钩收益率区间。投资者选定存款期限和 LIBOR 利率（伦敦银行同业拆放利率）区间，银行报出相应收益率。在存期内，若当日 LIBOR 在选定区间内，则该日可按约定收益率计息；若不在区间内，则该日不计息。该挂钩方式下，投资者可将存款期限设为 N 年，每季结息一次。

例如，某公司有 500 万美元，预计在未来 LIBOR 会出现下跌趋势。那么，该公司可以与银行签订协议，约定存款期限为两年，从 2013 年 11 月 24 日到 2015 年 11 月 24 日，按季付息。存款利率为 $4.1\% \times N \times T/360$，其中 T 为存款期限内 6 个月美元 LIBOR 所处利率区间（第一年 0 ~ 0.625‰，第二年 0 ~ 3.1%）的实际天数。

（2）挂钩变动汇率。与目标汇率的变动挂钩，该挂钩项目在计算利息时要结合存款利率，当到期时的汇率小于协定汇率时，投资者按照相应期限的利率计算利息；当到期时的汇率大于协定汇率时，投资者按协定汇率计算利息。

例如，某企业每 6 个月要偿还一笔日元贷款，但其持有的货币是美元，还款时需要在外汇市场上卖美元买日元。投资者存入一笔 300 万美元，期限为 6 个月，利率 r=LIBOR+150BP，协定汇率执行价格 USD/JPY=96。如果存款到期时的汇率 ≤ 96，投资者获得 LIBOR +150BP 的收益率（即利率）；如果存款到期时的汇率 >96，则将存款的利息和本金按 USD/JPY=96 的水平折算为日元，这时的换汇价格低于市场水平，但高于存款时的利率水平。

（3）挂钩目标汇率区间。投资者存款时设定目标汇率区间，若存款到期时的市场汇率在设定目标区域内，则投资者按市场利率计算利息而不做外汇转换；若在目标汇率区间外，则按照市场汇率进行币种转换。

例如，某投资者存入一笔 100 万美元，到期时兑换成日元。所以与银行签订协议并约定汇率区间为 95 ≤ USD/JPY < 96。如果到期时的汇率

为 95.23，则投资者的 100 万美元按市场利率计算利息，不做外汇转换；如果到期时的汇率为 94.78 或 96.57，则投资者的 100 万美元按当时市场汇率进行币种转换。

投资者在了解了这些不同挂钩类型的结构性存款产品后，即可通过分析结构性存款的收益计算方式来判断其挂钩的项目是什么。另外，结构性存款的挂钩项目还可以是债券、股票、基金、黄金或指数等金融市场参数。

2．选择一款好的结构性存款

每一款结构性存款都有其特点，不仅收益率不同，风险也会不同，甚至本金的币种也会不同。下面以工商银行的两款结构性存款为例，对比分析两种结构性存款的不同，如表 8-1 所示。

表 8-1　工商银行的两款结构性存款

内容名称	可终止型结构性存款	黄金挂钩型结构性存款
本金币种	美元	澳元
存款期限	3 个月	一年
本金保证	100%（持有到期）	100%（持有到期）
预期收益	收益固定，2.5%	由挂钩指标到期表现决定，最低为 1.45%，最高为 8%
挂钩指标	——	伦敦黄金交易所黄金现货的定盘价格
终止条件	工商银行在两个月后拥有一次提前终止产品的权利	——
风险披露	工商银行提前终止本产品导致提前终止风险；投资者需持有该产品到期，不能提前支取结构性存款	产品与商品挂钩，若国际黄金价一年内涨幅较低（期末价格小于期初价格的 101.45%），则投资者只能获得保底收益 1.45%，可能低于同期存款利率，投资者不能提前支取结构性存款

从上述对比情况来看，可终止型结构性存款的投资期限较短，资金流

动性较强，收益比较稳定，但是投资者可能面临工商银行提前终止产品运行的风险，虽然投资期限较短，但投资者在结构性存款期间不能提前支取存款。而黄金挂钩型结构性存款的投资期限较长，收益不稳定，甚至可能低于同期存款利率，最大的优势就是其收益可能高达 8%，而与可终止型结构性存款一样，也不能提前支取结构性存款，资金流动性较差。

所以，对资金流动性要求较高的投资者如果要在这两种结构性存款产品中选择一款，最好还是选择可终止型结构性存款，其收益也不是很低。而对资金流动性要求不强，且追求较高收益的投资者可以选择黄金挂钩结构性存款产品。

根据表 8-1 的内容，投资者在选择一款好的，或者适合自己的结构性存款时，可以考虑自己能够提供的本金币种、能够接受的存款期限、本金的保证与否、预期收益的固定性和收益的高低、挂钩指标的类型及是否面临提前终止产品的风险等方面，比较这些因素后就能选择一款自认为好的适合自己的结构性存款理财产品。

8.2 超短期银行理财产品

超短期银行理财产品，一般是指投资于市场信用级别较高、流动性较好的金融市场工具，这种产品的期限一般在 3～5 天，强调投资稳健，基本可以做到保本或近乎保本，同时其收益率也大幅度高于活期存款收益率。

投资者购买超短期理财产品时，要注意赎回到账时间，因为每家银行的交易规则不同。如交通银行某款超短期产品，若在当天 16:30 以前赎回，则资金 2～3 小时内就能到账；而在 16:30 之后赎回，资金可能要在 24 小时内才能到账。另外，投资者还要注意赎回问题，曾经有银行发生触动赎回条款而导致不少超短期理财产品暂停赎回的事件，影响投资者对理财产品的投资决策。

1. 在各银行选择超短期产品

很多银行都有发布超短期理财产品，投资者可以任意选择自己喜欢的或者适合自己投资意向的产品。如表 8-2 所示的是国内部分银行的部分超短期理财产品。

表 8-2　国内部分银行的部分超短期理财产品

银行	产品名称	概述内容
工商银行	工银灵通快线	无固定期限的超短期理财产品，投资者在募集期和封闭期内不能申请赎回，但在封闭期过后的每个工作日都能随时赎回
	灵通快线个人超短期高净值客户专属 7 天增利人民币理财产品	无固定期限的超短期理财产品，投资者在募集期内不能申请赎回，自产品起始日（不含）起每个工作日（开放日）能随时赎回
中国银行	新 7 天按期开放人民币理财	固定期限为 7 天的超短期理财产品，投资者在购买该产品 7 天后赎回并获得相应收益，预期年化收益率为 2.4%，属于低风险理财产品
	中银日积月累 – 日计划	其投资期限为 T+0，即无固定存续期限，投资者在购买产品后的每日（节假日除外）都可进行赎回，当持有天数足够短时，也就成为超短期理财产品
交通银行	得利宝天添利 C 款	无固定期限的理财产品，投资者在开放期的任意工作日都可进行赎回，当持有天数足够短时，即成为超短期理财产品
	天添利 E 款周享版	投资期限一般为 5 天的超短期理财产品，一个投资周期后将进入下一投资周期，预期年化收益率为 3.1%

续表

银行	产品名称	概述内容
招商银行	日益月鑫7天理财计划	该理财计划为投资者提供不同的理财持有期限，一般为7天、14天和21天，是典型的超短期理财产品，但该产品风险等级为R3，不保证收益，也不保证本金
	招商银行招银进宝系列之朝招金（多元稳健型）理财计划	该理财计划的期限不固定，投资者可以只持有一天就赎回，只要时间足够短，就成为超短期理财产品，风险等级为R2，属于稳健型理财产品
平安银行	平安财富－周添利（保本滚动）现金管理类2011年1期人民币理财产品	该产品投资期限为7天，是典型的超短期理财产品，成立日为2016年8月15日，到期日为2016年8月22日，预期年化收益率为2.6%，期数不同，其成立日和到期日也会不同，投资者需要时刻关注产品动态
	平安财富－双周添利（滚动）现金管理类2014年4期人民币理财产品	该产品投资期限为14天，也属于超短期理财产品，成立日为2016年8月15日，到期日为2016年8月29日，预期年化收益率为3.3%，期数不同，成立日和到期日就不同，投资者要时刻关注产品的动态

表8-2中，招商银行和平安银行的超短期理财产品种类繁多，投资者可以有很多选择。同时也可以看出，超短期理财产品分无固定期限产品和有固定期限产品。其中，期限长的，相对收益高，投资者可根据资金预期使用期限进行选择。若是资金使用较频繁，则可选择无固定期限产品，随时用随时赎回。

若认为一周后会用资金，可选择7天期限的超短期理财产品，半个月的则可选期限为14天的超短期产品。这种有固定期限的超短期银行理财产品强制了投资时限，投资者购买的理财产品到期后，若无同类产品实时对接，投资者只能将资金先放置于活期账户，等待另一同类产品发售后才能继续投资。因此，投资者的短期理财会失去连续性，整个投资期间的平均回报率会大大降低。

投资者除了要了解各银行中的超短期理财产品外，还需要学会选购超短期理财产品，这样可以帮助自己获得理想的理财收益。投资者可以按照如下几点内容来对比分析超短期理财产品的优势和劣势，从而选购出最合适投资的超短期理财产品。

◆ **明确投资范围：**目前，银行中在售的超短期理财产品主要投资于高信用等级债券（国债、金融债和央票等）来保障投资收益。除此之外，还有些超短期产品投资于现金、一年以内（含一年）的银行定期存款、大额存单、债券回购、中央银行票据及中国证券监督管理委员会（以下简称证监会）和中国人民银行认可的其他具有良好流动性的货币市场工具。

◆ **不同的投资时限约定：**很多超短期理财产品都会约定固定期限，如 3 天、7 天或 14 天等，资金只能在到期后赎回。而且，一般的理财产品都由认购期、起息日、到期日、清算日和支付日等组成，投资者的资金只有起息日与到期日之间计算收益，所以超短期理财产品能计算收益的天数很少。

◆ **关注过往业绩：**超短期理财产品的有效期限一般比较长，在有效期限内，投资者可以进行多次超短期理财。而投资者可以通过关注该理财产品过往业绩来判断和预测该超短期产品的后期行情，从而做出是否购买的决定。

◆ **比较费用：**各家银行对超短期理财产品都有自己的一套收费办法和标准，投资者可以阅读超短期理财产品的销售合同或询问银行相关工作人员，了解具体费用收取详情。然后，对比各家银行的费用收取情况，选出费用适当、收益可观的超短期理财产品即可。

◆ **筛选投资起点：**银行的超短期理财产品按照中国银行业监督管理委

员会（以下简称银监会）规定，一般以 5 万元作为投资起点，这一门槛对中小投资者来说并不困难。

一般来说，银行中的超短期理财产品费用很低，但部分银行设置有认购和赎回费率，为资金的 0.5% ~ 1.5%。而且，部分产品对赎回设置限制，若持有的产品没有达到规定的期限，银行会收取一定比例的赎回费用。

银行超短期理财产品在个性化设置方面表现突出，适合资金时间安排明确、投资资金量较大的投资者配置。另外，对于参与新股申购又不希望承受较高风险的投资者来说，超短期银行理财产品是处理资金的最好方式之一。

2. 超短期理财产品的收益计算与分配

由于银行超短期理财产品的投资期限较短，因此资金的流动性较高，投资者的资金利用效率会较高，在需要资金时可及时赎回，在资金闲置时又可用来投资理财。但前提是，投资者选购的超短期理财产品最好没有理财空档期，否则频繁地买卖超短期理财产品得到的收益并不会比一次性投资中长期理财产品高。下面以"招商银行招银进宝系列之朝招金（多元稳健型）理财计划"产品为例，讲解其费用和收益等内容。

"招商银行招银进宝系列之朝招金（多元稳健型）理财计划"产品的认购起点为 5 万份（5 万元），超过认购起点部分按 1 元的整数倍递增。这一产品不收取申购费和赎回费，认购期内认购资金按银行活期利率计算收益，而理财计划存续期内每日计算收益。除此之外，投资者投资该理财产品需要缴纳托管费（费率为 0.1%/ 年）和管理费（费率为 0.9%/ 年），理财收益还会缴纳一定的税款，银行不会为投资者代扣代缴，而需要投资者自行申报及缴纳。

本理财计划投资者总收益为：自理财计划申购确认日（若为理财计划认购则为理财计划成立日）起至赎回确认日（不含该日）或理财计划到期日（不含该日）或理财计划提前终止日（不含该日）期间相应理财计划资金每日的当日理财收益之总和。

投资者持有本理财计划遇到非交易日时，非交易日的理财计划收益率采用前一交易日的理财计划收益率。例如，投资者周一赎回理财计划，周六及周日为非交易日，周六及周日的理财计划收益率按周五（若前一交易日为周五）的收益率计算。招商银行每个交易日上午9:30前，通过"一网通"公布上一交易日的理财计划收益率。

投资者的当日理财收益＝当日持有的本理财计划余额 × 当日理财计划预期年化收益率 /365

投资者正收益：如果投资者当日持有本理财计划 50000 份，且当日理财计划收益率为 2.1%（年率），则该投资者的当日理财收益为 $50000 × 2.1\% /365 = 2.88$（元）。

投资者负收益：如果投资者当日持有本理财计划 50000 份，且当日理财计划收益率为 − 2.1%（年率），则该投资者的当日理财收益为 $50000 × (− 2.1\%) /365 = − 2.88$（元）。

例如，某投资者在 2016 年 4 月 4 日申购确认了"招商银行招银进宝系列之朝招金（多元稳健型）理财计划"产品 100000 份，2016 年 4 月 11 日赎回 50000 份，这 7 天的平均年化收益率为 2.1%。该投资者持有剩余份额至 2016 年 4 月 28 日，这 7 天的平均年化收益率为 2.3%。在不计算托管费、管理费和应缴纳的收益税款时，该投资者赎回所有份额的总收益为：$100000 × 2.1\% × 7/365 + 50000 × 2.3\% × 7/365 = 62.33$（元）。若是扣除托管费和管理费，则投资者获得的理财收益为：$62.33 − 100000 × (0.1\% + 0.9\%) × 14/365 = 23.97$（元）。

虽然很多超短期理财产品每日计算收益，但每日的收益不计算复利，即每日收益不计入下一交易日的本金。由上述案例可以看出，超短期理财产品的收益并不十分可观，只是在资金的流动性方面比较自由，想要追求高收益的投资者可视情况而定忽略超短期理财产品的投资想法。

8.3 银行推出的各类"宝"

> 从淘宝推出"余额宝"理财工具以后，市场上的"宝宝"类理财产品层出不穷，就连银行也相继推出自己的"宝"类产品。很多投资者对余额宝已经很了解，而下面我们将介绍各银行推出的"宝"类理财产品。

银行推出的"宝宝"类理财产品实质是货币基金，投资者购买某"宝宝"类产品，所投的资金其实是投资了"宝宝"类产品对接的货币基金。所以，"宝宝"类产品的理财收益取决于其对接的货币基金行情。

1. 工商银行薪金宝

工商银行薪金宝（工银薪金货币 A，000528）是认购费率、申购费率和赎回费率均为零的理财产品。首次认购或申购的最低起点金额为 100 元，追加认购最低金额、申购最低金额均为 1 元，单笔赎回最低份额为 1 份，该基金账户最低基金份额余额为 1 份。若投资者在某次赎回一定份额后，账户内的份额少于最低基金份额，则投资者要向银行申请全额赎回，否则赎回申请无效。

工商银行薪金宝货币基金的流动性体现在支持 T+1 赎回到账，申购 T+1 计息，其流动性介于灵通快线和工商银行货币理财产品之间，收益也介于二者之间，比较适合对流动性要求较高且希望获得高于定期存款预期收益的投资者。

赵女士自营一家餐饮公司，于2016年7月27日收回前期利润10000元，而赵女士需要在8月26日将儿子的学费打入学校发放的银行卡中，为了不让这笔钱闲置，同时也方便这笔钱能准时取出，赵女士决定将这10000元用于购买工商银行的薪金宝。

于是，赵女士在2016年7月28日向银行申请购买薪金宝，申购资金为10000元，按照该产品的投资固定，这部分资金从2016年7月29日开始计息。赵女士决定于2016年8月26日赎回该产品，并将赎回的本金用于支付儿子的学费。赵女士持有薪金宝的总共计息天数为28天，假设这28天的实际年化收益率为2.6979%，则赵女士到期赎回薪金宝时可获得的收益为 10000×2.6979%×28/365=20.7（元）。

通过这种方式，赵女士不仅准时给儿子交了学费，而且在拿到该笔资金至交学费这短短的28天时间内还获得了接近21元的收益。

2．中国银行活期宝

中国银行活期宝（中银活期宝货币，000539）是中国银行继工商银行推出自己的类余额宝业务后，国内第二大国有银行推出的互联网理财产品。下面来看看中国银行活期宝的一些特点。

◆ **每日分红**："活期宝"每日计算当日收益并分配，且每日进行支付。每日收益转为基金份额，滚动投资，相当于复利率。活期宝每天的收益计算公式为：当日收益＝（活期宝确认资金/10000）×每万份收益。假设某投资者持有的中国银行活期宝货币基金的资产为10000元，当天的每万份收益为1.88元，代入计算公式，当日的收益为：（10000/10000）×1.88 ＝ 1.88（元）。

◆ **收益远超活期**：中国银行活期宝货币基金主要投资于通知存款、大额存单、债券和中期票据等安全性高以及行情稳定的金融工具，收益远超活期。

◆ **1元起购**：相比许多理财产品5万元、10万元，甚至30万元起购的门槛，"活期宝"1元即可入门，理财不再是富人专享。

◆ **零手续费**：没有认/申购费用和赎回费用。

◆ **随时取现**：可当天（T+0）快速赎回，即时到账（快速赎回暂时只支持中行卡，单笔及单日上限均为30万元，7×24小时服务）。

◆ **安全保障**：由基金托管银行对中国银行活期宝货币基金的资金实行全程监控，确保资金安全。

投资者购买中国银行活期宝之前，需要登录中国银行网上银行。因此，投资者需要为自己的银行卡开通网上银行，然后登录个人网上银行后即可购买活期宝产品。另外，投资者还可登录中银基金管理有限公司官网（http://www.bocim.comChannel/11546）进行开户，完成开户后也能在中银基金官网购买中国银行活期宝。

鲁先生是一名税务所的税务师，买了一套房子以后，手里还有10000元的闲置资金。为了解决资金闲置问题，鲁先生决定用这10000元购买中国银行的活期宝。于是，鲁先生在2016年7月29日用10000元购买了活期宝，到2016年8月11日，鲁先生都没有支取过这笔钱。那么鲁先生从这11天中（从8月1日开始）能获得的收益是多少呢？

已知中国银行活期宝2016年8月1～11日的每万份收益为0.6796元、0.6706元、0.6651元、0.6674元、0.6575元、0.6745元、0.6745元、0.6733元、0.6584元、1.0524元和0.6559元。则鲁先生11天的理财收益为：（10000/10000）×（0.6796＋0.6706＋0.6651＋0.6674＋0.6575＋0.6745＋0.6745＋0.6733＋0.6584＋1.0524＋0.6559）＝7.7292（元）。

3．招商银行招财宝

招商银行招财宝（招商招钱宝货币基金 A，000588）是招商银行推出的一款类似于余额宝的理财产品，2016 年 8 月 11 日的每万份收益为 0.6755 元，七日年化收益率为 2.562%。

招商银行的招财宝（招钱宝）也是按日计算收益，投入招财宝的资金随存随取，没有认 / 申购费和赎回费。其最大的一个优势就是，在招商银行使用招财宝转换其他基金时，可享受 1 折特惠。

投资者购买招商银行的招财宝之前，要将自己招商银行的银行卡开通网上银行，然后登录个人网上银行，绑定银行卡，接着设置支付密码，最后验证成功就能购买招财宝。

如果鲁先生在 2016 年 7 月 29 日用 10000 元购买的是招商银行的招财宝，那么到 2016 年 8 月 11 日，鲁先生的收益又会是多少呢？

已知招财宝 2016 年 8 月 1 ~ 11 日的每万份收益分别为 0.7618 元、0.6777 元、0.6763 元、0.6811 元、0.6751 元、0.6751 元、0.6735 元、0.8074 元、0.6717 元、0.6729 元和 0.6755 元。那么鲁先生这 11 天的收益为：（10000/10000）×（0.7618 ＋ 0.6777 ＋ 0.6763 ＋ 0.6811 ＋ 0.6751 ＋ 0.6751 ＋ 0.6735 ＋ 0.8074 ＋ 0.6717 ＋ 0.6729 ＋ 0.6755）＝ 7.6481（元）。

4．民生银行如意宝

如意宝是中国民生银行直销银行与基金公司合作，为客户电子账户活期余额完成自动申购、赎回货币基金的结算服务产品。如意宝业务的开放时间正常情况下为每个自然日 7×24 小时，若遇国家法定节假日或银行清算等情形，可能暂停业务，具体情况将以民生银行与基金公司的公布为准。

■ **转入（申购）规则**

投资者签约"如意宝"后，系统自动将绑定的电子账户内的活期余额定时批量向合作基金公司发起基金申购交易。单日无转入累计限额，而民生银行与基金公司有权修改此限额。如意宝的交易日为上海证券交易所和深圳证券交易所的正常交易日。

■ **转出（赎回）和支付规则**

投资者发起转账、消费或支付等资金划转指令后，系统自动向基金公司发起基金赎回交易申请，基金公司确认后，款项将实时到达投资者电子账户内，并将赎回款用于投资者发起的转账、消费和支付等资金划转。当然转出的资金当天不计算收益。投资者发起赎回交易时，账户内份额采取后进先出原则，由基金公司系统自动进行处理。投资者赎回时，当日实时最大可赎回额为 500 万元，民生银行与基金公司可根据业务需要修改此限额，并提前在如意宝业务提示中公布。

为避免实时大额赎回过多影响如意宝业务运营，民生银行与基金公司设置了实时赎回总额度。总额度根据实时赎回情况灵活控制，若投资者实时赎回款项超过系统当日可用实时赎回总额度，则会提示投资者交易失败或进行预约赎回。预约赎回暂时无限额，款项将于 T+1 日划至投资者账户内，3 日内该账户不进行自动申购，投资者可手动激活自动申购或 3 日后系统恢复自动申购。

■ **收益的分配与计算**

民生银行如意宝每日计算分红收益，按日支付收益，收益以分红形式结转成基金份额，相当于复利。每个交易日（T）15:00 前的账户余额，从 T+1 交易日开始计算收益，T+2 交易日收益将结转至如意宝余额中，T 日 15:00 后账户余额申购将在下一个交易日确认。如表 8-3 所示的是民生银行如意宝的收益到账日情况。

表 8-3　民生银行如意宝的收益到账日

资金转入时间	计息时间	收益到账日
星期一 15:00 ～ 星期二 15:00	星期三	星期四
星期二 15:00 ～ 星期三 15:00	星期四	星期五
星期三 15:00 ～ 星期四 15:00	星期五	星期六
星期四 15:00 ～ 星期五 15:00	下星期一	下星期二
星期五 15:00 ～ 下星期一 15:00	下星期二	下星期三

民生银行如意宝的收益计算方式与中国银行活期宝和招商银行招财宝类似，这里就不再详述。

8.4　创意理财新花样

> 中国的理财产品市场一直在源源不断地创新，相对于传统的理财产品而言，以艺术品和酒等为标的的理财产品作为另类投资产品的代表正逐渐走入人们的视野，工资卡成为了理财工具，银行贷款也成为了一种理财方式。

1．银行实物型投资产品

银行实物型投资产品是指将商品实物与理财产品挂钩的新型理财产品，这种由金融机构、商品生产企业和产权交易所等多方共同创造的理财模式吸引着一些特定投资者。

银行实物型投资产品中表现最突出的要算白酒、艺术收藏品和电影等。下面我们将具体了解白酒是如何"摇身一变"成为银行理财产品的。

白酒理财产品是以白酒实物为基础的增值渠道，基于产品的预期而进行的投资行为。在合同到期后，投资者可以通过"实物＋收益"或"现金＋收益"等方式来获得收益。很多酒企在推行高端白酒变身理财产品时，都会许以高额回报，并可以提现货以及保底回购。这不仅丰富了投资者的理财手段，还帮助不少酒企走出了销售困境。

在银行中，最早的一款实物型理财产品是于 2008 年 7 月 13 日由工商银行、中海信托和中粮集团联合推出的"君顶酒庄红酒收益权信托理财产品"。但是，上海国际酒业交易中心已经在此之前成功发行了泸州老窖、沱牌舍得、西凤酒和古井贡酒等品牌的多款白酒理财投资产品。

酒类理财产品的预期收益率一般在 4% ~ 10%，投资期限相对较长，认购起点也从 5 万元到 100 万元不等。

目前酒类理财产品到期后，有两种方式可实现收益：一是待标的酒品装瓶后，提取产品所对应的酒，获得实物收益；二是在理财产品到期时，以现金形式实现理财本金和收益清算。

某投资者在 2015 年 9 月初，到某银行购买了 5000 元白酒理财产品，投资期限为 12 个月，当 2016 年 9 月初该产品到期时，投资者可以选择提取部分白酒实物，剩余本金和收益以现金的方式收回；也可以选择不提取白酒，直接获取现金和收益。假设该白酒理财产品的年化收益率为 9%，投资者不同的赎回方式将获得不同的收益。

情况一，投资者在产品到期时，提取 1000 元的白酒，那么获得的收益只是 4000 元本金对应的收益，即 4000×9% ＝ 360（元）。这种情况下，投资者相当于用 1000 元直接购买了酒企的白酒，同时获得 4000 元本金和 360 元本金的白酒理财收益，共计 5360 元。

情况二，投资者在产品到期时，不提取实物白酒，而是直接拿 5000 元的现金和对应的理财收益，即 $5000 × (1 + 9\%) = 5450$（元）。

由此看来，白酒理财产品的收益获取方式根据投资者自己的实际需求而定，若喜欢提取一些白酒实物，则选择"实物＋收益"方式；若想获得更高收益，则可以选择"现金＋收益"方式。

投资者在购买白酒理财产品时要注意标的酒品价格变动风险和酒企经营风险。在考虑风险承受力的情况下，要选择业内有实力、有口碑的酒企推出的产品，尤其是高端性和稀缺性兼备的产品，并且要对酒和酒企都有一定的了解，不能盲目跟风。

同理，艺术收藏品与银行理财产品挂钩，投资者在理财产品到期后可选择用部分资金直接购买艺术收藏品，剩余资金享受理财产品应得的收益。而理财产品与电影投资的挂钩也并不难理解，投资者在银行理财产品到期后，可以享受优先购买最新上市的电影影片的票，甚至有时是获赠电影票，投资者不仅收获理财产品带来的收益，还能免费观看最新电影。

2. 让工资卡成为理财工具

现在很多企业向员工发放工资时都直接将工资汇入员工的银行卡中，也因此将用来接收工资的银行卡称为工资卡。工资卡实际上就是一张借记卡，里面的钱实际上是没有任何利息收益的，而为了利用工资卡中的资金理财，让工资卡也成为理财工具，投资者需要掌握一些利用工资卡理财的方法。

◆ **零存整取获得利息收益：** 由于工资卡的资金流动性比较大，所以投资者可以办理一些短期存款业务，比如利用零存整取的方法存款，每月不仅能存钱，还能留有用于消费的资金，同时获得一定的存款收益，这些收益要比存活期的收益多。

◆ **为信用卡还款**：将工资卡和信用卡进行绑定，为工资卡办理每月自动为信用卡还款的业务，到了信用卡还款日，银行系统将自动从工资卡中支取资金偿还信用卡的账单。这样一来，投资者可以避免忘记为信用卡还款，从而免于被银行罚息，也会节省一部分过期还款需要扣除的手续费，同时还能为自己赢得良好信用记录。

◆ **用工资卡还房贷**：投资者可到银行办理"存抵贷"业务，该业务类似于为信用卡还款。投资者办理好该业务后，只需要将闲置资金放在约定的活期账户上，银行会定期根据工资卡上的资金总额情况，按照比例当作提前还房贷来扣除资金。而提前还贷节省下来的利息，将作为理财收益返还到投资者的账户中。投资者的资金没有真正动用，而是仍然存放在活期账户上，需要资金周转时可随时调用。"存抵贷"按日计算理财收益，投资者的钱在银行账户中停留一天就能节省一天的房贷利息，同时享受一天的理财收益。"存抵贷"具有多存多抵的累进效果，存款越多，抵扣的贷款比例越高，理财收益率也会越高。

◆ **工资卡用于基金定投**：投资者每个月在固定的时间向某开放式基金中投入固定的资金，享受购买基金的好处，获得理财收益。

3．贷款也是一种理财方式

贷款是银行或其他金融机构按一定利率和必须归还等条件向借款人出借货币资金的一种信用活动形式。当下理财市场中有很多理财产品，投资者也看到了理财产品的可观收益，为了抓住理财时机，就会将自己手中的钱用于投资理财，而自身消费所需的资金则向银行贷款。简单来说，就是花别人的钱，用自己的钱"生"钱。

杨女士于 2015 年 9 月初买了新房，其手中有 15 万元的现金，打算在 2015 年 12 月初的时候进行装修。

如果杨女士直接用手中的 15 万元现金进行装修，则其在 9~12 月期间没有任何理财收益，但也不涉及支付任何贷款利息。

如果杨女士在 2015 年 9 月初的时候就将这 15 万元存入工商银行，其中 5 万元存期为 3 个月，另外 10 万元存期为一年，对应的存款利率分别为 1.6% 和 2%。到 2015 年 12 月初，取出到期的 5 万元本金，其生成的利息为 $50000 \times (1.6\% \times 3/12) = 200$（元）；另外的 10 万元资金存至 2016 年 9 月初的时候，本息和为 $100000 \times (1 + 2\%) = 102000$（元）。另外，杨女士于 2015 年 12 月初的时候向银行贷款 5 万元，和取出的 5 万元一起作为家庭装修的款项，贷款期限为 9 个月，对应的贷款利率为 4.35%，到 2016 年 9 月初，本金加利息和为 $50000 \times (1 + 4.35\% \times 9/12) = 51631.25$（元）。而杨女士存款的利息收益总和为 $200 + (102000 - 100000) = 2200$（元），其贷款要支付的利息为 $51631.25 - 50000 = 1631.25$（元）。所以总的来说，杨女士还能有 $2200 - 1631.25 = 568.75$（元）的收益盈余。

由此可见，适当地贷款消费也是一种理财办法，投资者可以用别人的钱提前消费，把自己的钱用于投资理财。只要方法和时机合适，就能在解决消费压力的情况下获得额外的收益。

.09 .PART.

银行中的
保险要点

银行里的
保险品种

银行保险
投资技巧

保障与理财，在银行里玩转理财保险

众所周知，银行不仅为客户办理相关的银行理财业务和产品的买卖手续，还会向投资者销售保险。银行中的保险与保险公司的保险相比，其理财功能更显著，保障功能退居"依附"理财功能的地位。那么，投资者如何才能更好地"驾驭"银行中的保险产品呢？

9.1 银行中的保险投资要点

> 投资者通过银行购买保险，可能在办理手续和相关程序等方面与通过保险公司购买保险有所不同。为了丰富投资者的购买渠道，下面将介绍通过银行购买保险的投资要点。

现实生活中，人们常常面临意外和疾病带来的风险。意外的发生往往会造成无法挽回的损失或者严重的人身伤害。而疾病，甚至重大疾病发生的概率也在不断攀升，并给人们带来了沉重的经济负担。这时候保险起到的作用就比较明显，能够给人们的生活带来一定的保障，所以购买保险是非常必要的事情。

随着经济的不断发展，保险不再只是保障人们权益的工具，更是人们理财的好帮手。而且，越来越多的保险产品，其投资价值高于保障性能。很多人都知道要去保险公司购买保险，但并不清楚还能通过银行进行购买。

1. 保险有哪些构成因素

无论是保险公司销售的保险，还是银行代销的保险，其构成要素都是相同的，主要指保险人、投保人、被保险人、保险标的、可保风险及受益人等。

- ◆ **保险人**：保险主体之一，也称"承保人"，与投保人订立保险合同，并承担赔偿或给付保险金责任的银行或保险公司。保险人是法人，公民个人不能作为保险人。

- ◆ **投保人**：保险主体之一，与保险人订立保险合同，并按照合同负有支付保险费义务的人，投保人可以是自然人，也可以是法人。但都必须具有民事行为能力。

◆ **被保险人**：保险主体之一，指根据保险合同，其人身安全或财产利益受保险合同保障，在保险事故发生后，享有保险金请求权的人。很多时候，被保险人就是投保人。

◆ **保险标的**：即保险对象，如人身保险的标的是被保险人的身体或生命。广义的财产保险的标的是财产、有关经济利益和损害赔偿责任。其中，财产损失保险的标的是被保险的财产，责任保险的标的是被保险人所要承担的经济赔偿责任，而信用保险的标的是被保险人的信用导致的经济损失。

◆ **可保风险**：保险客体，它并非保险标的本身，而是投保人或被保险人对保险标的的可保利益。保险合同保障的不是保险标的本身的安全，而是保险标的受损后投保人或被保险人、受益人的经济利益。所以，保险标的只是可保利益的载体。

◆ **受益人**：指保险合同中由被保险人或投保人指定的享有保险金请求权的人，投保人和被保险人可以是受益人。如果投保人或被保险人未指定受益人，则其法定继承人即为受益人。

另外，保险合同还可能涉及的因素是保单所有人，指拥有保险利益所有权的人，大多数时候是投保人或受益人，也可以是保单受让人。需要投资者注意的是，只有当被保险人、受益人和保单所有人与投保人是同一人时，这些因素才算是保险主体。

2. 为什么选择在银行购买保险

越来越多的人亲身体会到去银行购买保险所带来的福利，不仅简单实惠，而且还没有烦琐的手续。投资者选择在银行购买保险的最大原因是，银行销售的保险大都是以投资理财为目的,保险保障性能只是附带的好处，因此比起保险公司注重保障的保险而言，投资者更倾向于有投资收益的银行保险。下面来了解投资者选择在银行购买保险的 4 个具体原因。

（1）专业的理财服务。银行为投资者提供丰富的保险理财产品，满足不同投资者的理财需求。一些外资保险公司会选择某些银行的理财中心、财富管理中心、零售银行部或私人银行业务部门等，进行低柜业务（高端客户理财服务）合作。比如，除了强调保险产品的投资收益外，还会引入保障、健康、储蓄、养老与教育产品五大理财计划。同时，结合"整理财务，规划人生"的理念，为投资者量身定做符合需求的理财方案。在银行低柜业务合作上，优秀的保险公司往往会为银行相关人员提供更多的培训及销售管理的方案，帮助银行合作伙伴建立并打造一批优秀的理财经理队伍与销售管理团队，可以为投资者提供更多的附加理财服务。

（2）手续简单。投资者在到银行办理存款和交费等事项时，就可顺便了解银保产品，充分节省投资者的时间，购买手续也比较简单。

（3）安全性较高。到银行购买保险，由于其经营环境的要求，整个过程都有监控，在投资者与保险公司或银行产生经济纠纷时，可以提供有力的证据。

（4）收益比银行理财产品高。虽然不是所有银保产品的收益都比银行理财产品高，但还是有这样的银保产品存在。投资者理财的目的就是"赚钱"，所以与以保障功能为主的保险公司的保险产品相比，投资者更愿意购买银保产品，以期获得理财收益。

3．去银行购买保险的流程

去银行购买保险的流程与到保险公司买保险的流程大同小异，最大的不同就是地点不同，而在购买保险的相关程序上是相似的。下面就来具体讲解到银行购买保险的相关流程，如图 9-1 所示。

1. 投资者携带个人有效身份证、银行卡或现金，到银行找专门的保险业务负责人，表达购买保险的意愿。

2. 在保险销售人员的讲解过程中，投资者根据自身的需求，选择一款感兴趣的银保产品做细致的了解。

3. 投资者在了解具体的银保产品时，要仔细阅读产品说明书和风险揭示书，注意投保人和被保险人等保险因素。

4. 确认购买某银保产品后，投资者与银行签订保险合同，双方明确自身责任和义务，投资者还需注意免责条款。

5. 合同签订完毕后，投资者向银行提供银行卡卡号，缴纳第一次保费，也可以直接支付现金，以后每期按时缴纳保费。

图 9-1　到银行购买保险的流程

另外，投资者还可直接在相应银行的网上银行直接购买保险，只需选择"保险"业务即可进入保险产品的销售页面，然后选购满足自身需求的产品即可。

【提示注意】

以工商银行为例，投资者除了可以到银行指定网点购买保险和直接在网上银行购买保险外，还能通过手机银行和直销银行（融 e 行）购买保险。投资者登录手机银行，选择"最爱—投资理财—保险—手机投保"功能即可购买保险。若投资者登录工商银行的直销银行，选择保险产品，填写相关投保信息并确认，短信验签通过后即投保成功。

虽然在银行购买保险时手续简便，但为了保护投资者的合法权益，仍有以下问题需要注意。

◆ 银行保险产品的经营主体仍是保险公司，保险公司承担保险责任，银行只是代理销售机构。

◆ 购买银行保险产品时要着重了解其保险功能，不应将银行保险产品与银行存款或国债进行简单而片面的比较，更不能仅把它作为银行储蓄的替代品。因为保险是规避风险的工具，不管将来投者个人发生什么事情，保险都能帮住投资者实现既定财务目标，而保险的投资功能只能作为选择保险产品时考虑的次要问题。

◆ 投保前仔细阅读保险责任，了解准备购买的产品的保障范围是否满足自身需要。对期限较长、需分期缴纳保费的产品，要确认有足够且稳定的财力支付保费，尽量避免中途退保。如果中途由于种种原因一时缴不起保费，投资者可利用减额缴清，即减少保险金额、中止与复效、办理展期保险或以现金价值自动垫缴保费这4种方式来解决。

◆ 银行保险产品都规定有犹豫期（收到并书面签收保险单起的10日内），投资者在犹豫期内退保，可取回全部已缴纳保费，部分银行仅扣除少量工本费。

◆ 认真阅读现金价值表或退保金比例。通常投保后各年度的现金价值就是保户在投保以后各年度所能退得的保费。"现金价值"在投保初期往往要小于保险人缴纳的保险费，所以投保者不要在前期就轻易退保，尤其在两年之内退保最不划算。

◆ 分红型银行保险产品的红利分配是不确定的，也无固定比率。分红水平与保险公司的经营水平和资本市场状况有关，保险公司只有在投资和经营管理中产生盈余时，才将部分盈余分配给投保人。

4. 保险的理赔流程

投资者在银行中购买了保险后，后续的理赔工作主要还是由相应的保险公司负责，投资者在保险有效期内发生保险事故时，要找保险公司而不是银行进行理赔。

（1）如果发生保险事故，投资者（投保人）应及时向保险公司报案，并将相关资料由自己或委托他人送到保险公司。

（2）保险公司理赔部接到资料后立即立案，如果资料当中有需要调查的案件，保险公司安排相关的调查人员进行调查。

（3）理赔人员对材料进行审核，确定事故是否属于保险合同的责任范围，同时计算相应的赔付金额。这一过程中仍对材料有疑问的，保险公司可再次安排工作人员重新调查，最终做出核赔结论。

（4）理赔人员将审核意见和核赔结论上报，签批同意后结案。

（5）保险公司通知投资者（投保人）领取赔款或其他书面说明。

（6）一定期限后，若购买的保险要分红或者派发收益，投资者也要找保险公司办理手续，结算款项。

不同的保险品种在理赔时需要注意的问题有所不同，下面以寿险理赔为例，讲讲其一般的注意事项。

（1）及时联系。当被保险人发生疾病或伤亡等保险事故时，应立即通知保险公司。否则，保户有可能要承担因迟缓通知而致使保险公司增加的调查费用。当被保险人达到领取保险金的年龄时，保户为了自身利益，也应及时向保险公司提出给付保险金申请。

（2）准备好必需的申请文件。通常包括给付申请书、保险单、最近一次缴费凭证、相关人员的身份证明以及保险合同约定的其他证明文件。

（3）《中华人民共和国保险法》（以下简称《保险法》）对寿险理赔时间的要求。保险公司在收到被保险人或受益人的赔偿或给付保险金的请求后，应及时做出核定，对属于保险责任的，在与保户达成给付保险金的协议后10日内履行给付义务，否则将赔偿保户因此受到的损失；保险公司自收到索赔申请和有关证明资料之日起60日内，对给付保险金数额不能确定的，应根据已有的证明资料可以确定的最低数额先予以支付，最终确定数额后再支付相应的差额。

（4）如果寿险合同无效，或有欺诈行为，或发生的保险事故不属于保险责任，保险公司就会下达拒赔通知书。保户对理赔结果不服或有异议的，可通过协商、仲裁或诉讼方式解决。

（5）《保险法》规定人寿保险的赔付时效为5年，人寿保险的被保险人或受益人有对保险人请求给付保险金的权利，自其知道保险事故发生之日起5年内都可行使该权利，5年后权利消失。

9.2 在银行可以购买哪些保险

> 银行毕竟只是保险的代售机构，因此其销售的保险品种很有限。不同的银行销售的保险种类有所不同，所以投资者需要亲自对各个银行销售的保险进行了解，在已有的保险品种中选择购买适合自己的保险。

1．意外险——新华人寿乐行无忧两全保险

"新华人寿乐行无忧两全保险"是工商银行代售的一款意外险，发行公司是新华人寿保险股份有限公司，适合的人群比较广泛，如自驾一族、商务人士、旅行爱好者、私营企业主、工薪家庭和白领一族。该保险有着让人"垂涎"的特色，具体如表9-1所示。

表9-1　新华人寿乐行无忧两全保险的特色

特点	内容
5重保障随行	涵盖驾乘车意外、航空意外、公共交通工具意外、一般意外及疾病身故全残保障
30年安全呵护	保险期长达30年
高达百万元的赔偿	该保险对驾乘车、航空意外的保障最高可达百万元

续表

特点	内容
110% 保费返回	保障期满后，保险公司返还保户所交保费的 110%，让保户（投资者）乐享财富增值

保户在遭遇保险事故时，应获得的赔付金额或保险金金额由合同中列举的保险责任决定并计算而来，具体内容如下。

◆ **航空意外伤害身故或身体全残保险金**：基本保险金额的 20 倍。

◆ **驾乘车意外伤害身故或身体全残保险金**：70 周岁保单生效对应日之前，保险金为基本保险金额的 20 倍；70 周岁保单生效对应日之后，保险金为基本保险金额的 4 倍。

◆ **公共交通工具意外伤害身故或身体全残保险金**：70 周岁保单生效对应日之前，保险金为基本保险金额的 10 倍；70 周岁保单生效对应日之后，保险金为基本保险金额的 2 倍。

◆ **一般意外伤害身故或身体全残保险金**：基本保险金额的 2 倍。

◆ **疾病身故或身体全残保险金**：已缴保费 ×110%。

◆ **满期生存保险金**：已缴保费 ×110%。

由上述保险责任的第 2 点和第 3 点来看，该保险越早买越好，最好在 40 岁之前购买。这样 30 年后，驾乘车意外伤害身故或身体全残保险金及公共交通意外伤害身故或身体全残保险金的赔付额度较大，对保户有利。

柴先生 2016 年刚满 30 岁，是一名国企上班族，在一次机缘巧合下了解到了工商银行代售的"新华人寿乐行无忧两全保险"，觉得产品的特色很吸引人，于是决定用 10 万元购买该保险，并且在与银行签订保险合同时选择了"10 年交"的付款方式，不考虑保险费率，则每年缴纳 1 万元的保费。

如果柴先生在保单的 30 年里没有发生任何保险责任范围内的保险事

故，则 2046 年柴先生 60 岁的时候可以收获返还的保费和收益共 100000 ×
110% ＝ 110000（元）。

如果柴先生在 59 岁（2045 年）的时候不幸因病去世（此时已经缴纳
第九年的保费），则其家属或保险受益人将获得保险金 90000 × 110% ＝
99000（元）。而当 2046 年来临时，柴先生的家属或保险合同受益人还将
收到 100000 × 110% ＝ 110000（元）的返还保费。

2．健康险——华夏常青树重大疾病保险（2015）

"华夏常青树重大疾病保险（2015）"是交通银行代售的一款健康险，
发行公司是华夏人寿保险股份有限公司，适合的人群是对重疾及轻症保障
有需求的保户。该保险也有自己的特色，具体如表 9-2 所示。

表 9-2　华夏常青树重大疾病保险（2015）的特点

特点	内容
6 重保障	身故保障、全残保障、61 种重大疾病保障、疾病终末期保障、15 种轻症保障及轻症疾病豁免保险费
轻症重疾保一生	除轻症疾病豁免保险费这一保障内容外，其余保障内容都是保一生
保费豁免	若被保险人因意外伤害，或于观察期后因意外伤害以外的原因导致初次患轻症，豁免以后各期保险费
疾病终末期保障	未满 18 周岁时，保险公司在保户疾病终末期给付已缴保费；已满 18 周岁，观察期内给付已缴保费，观察期内给付保额，给付后合同终止
投保年龄	0 周岁（出生且出院满 28 日）至 60 周岁（含）

该保险的 6 重保障构成了该保险的保险责任范围，除了上述所讲的轻
症豁免保费和疾病终末期保障的保险责任外，还有身故 / 全残保障、重大
疾病保障和轻症疾病保障。

◆ **身故 / 全残保障**：未满 18 周岁，给付已缴保额；已满 18 周岁，

观察期内给付已缴保费，观察期后给付保额，给付后合同终止。

◆ **重大疾病保障**：观察期内初次患合同所列重大疾病的一种或多种，给付已缴保费；观察期后初次患合同所列重大疾病的一种或多种，给付保额，给付后合同终止。

◆ **轻症疾病保障**：观察期后初次患轻症，给付保险金额的 20%，给付后该项轻症责任终止，累计轻症给付不超过 3 次。

需要保户（投资者）注意的是，在享受该保险的保险金时，重大疾病保险金、身故 / 全残保险金和疾病终末期保险金，保险公司仅给付其中一项。另外，观察期为保单生效或最后一次复效之日起 90 日内（含 90 日）。

30 周岁的王先生是一家民营公司的高管，其理财意识很强。2016 年 5 月，他为自己购买了一份华夏常青树重大疾病保险（2015），保额为 50 万元，在银行签订保险合同时选择"20 年交"的方式，每年缴费 11055 元。则其受到的保障类型、保障期限以及保险金额的情况如表 9-3 所示。

表 9-3　王先生购买的华夏常青树重大疾病保险（2015）

保障类型	保障期限	保险金额
身故保障	至终身	保额 50 万元
全残保障	至终身	保额 50 万元
61 种重疾保障	至终身	保额 50 万元
疾病终末期保障	至终身	保额 50 万元
轻症疾病豁免保险费	至缴费期满	后期未缴保费之和
15 种轻症保障	至终身	额外给付保额 10 万元

如果王先生在保障期限内身故或全残，则可以获得 50 万元的保额，收到保额后，该保险合同终止；若患了 61 种重疾中的一种或多种，则可获得 50 万元的保额，收到保额后，该保险合同终止；若王先生在疾病终末期获得了 50 万元的保额，则保险合同也会终止。

如果王先生在保障期限内初次患轻症，则到缴费期满之日，都可享受后期保费豁免的保障，在患轻症以后，还会收到额外的 10 万元保额。

【提示注意】

在案例中 61 种重大疾病包括恶性肿瘤、急性心肌梗塞、脑中风后遗症、多个肢体缺失、良性脑肿瘤、双耳失聪–3 周岁开始理赔、双目失明–3 周岁开始理赔、瘫痪、严重脑损伤及严重哮喘等；而 15 种轻症包括非危及生命的（极早期的）恶性病变、冠状动脉介入手术、轻微脑中风、视力严重受损–3 周岁开始理赔、主动脉内介入手术、重症头部外伤及单个肢体缺失等。

3．年金险——人保寿险幸福保年金保险

"人保寿险幸福保年金保险"是建设银行代售的一款年金险，发行公司是中国人民人寿保险股份有限公司，适合的人群是想要定期获得收益并获得相应人身保障的保户。该保险的特色如下所示。

（1）主险年金，长期保障，稳定回报。

（2）附险万能，按月结算，加速增值。

（3）铁路、航空意外伤害，5 倍赔付。

（4）满期领取，固定收益，稳健理财。

（5）公交意外两倍赔付（不含铁路与航空）。

该保险的保障期限为 10 年，缴费期限为 3 年，每年缴费。投保年龄为出生日且出院 28 天至 65 周岁，在这一时期内，投保人都可购买该保险。但是投保者要注意，该保险的最低保证利率之上的投资收益是不确定的，缴纳的保险费将在扣除初始费用后计入保单账户。

该保险在产品保障方面，保险公司自被保险人每生存满一个保单年

度，按已交的本合同保险费（不计利息）的 3.9% 给付年金，若当期的年金不领取，则自动转换为附加险保费计入到个人账户。除此之外，投保人还可享有满期保险金、一般身故保险金、公共交通意外身故保险金和铁路与航空意外身故保险金等。

30 岁的姜女士在一家国企工作，其对保险的认知比较深刻，想要为自己和丈夫的养老做准备。虽然单位已经帮她购买了社保，但是因为通货膨胀及社保养老金并不可观，同时为了有一个安心踏实的老年生活，姜女士决定再购买一份年金险作为补充。

考虑到交费灵活度和领取年龄等问题，姜女士选中了建设银行代售的"人保寿险幸福保年金保险"理财产品，每年缴纳 2 万元的保险费，其获得的利益如下。

年金：保单满一年，给付年金 $20000 \times 3.9\% = 780$（元）；保单满两年，给付年金 1560 元；保单满 3 年后，每年给付年金 2340 元，年金自动转入附加万能账户，每月结算利息。

满期保险金：满期保险金＝基本保险金额 × 交费期间（年数），也就是主险给付 $20000 \times （1 + 0.1\%） \times 3 = 60060$（元）；附加险给付个人账户价值。

身故保险金：主险给付"已交保险费"和"身故时的现金价值"中的较大者；附加险给付身故时的基本保险金额，给付身故保险金额的同时，再给付"主险所交保费 ×2"，以 1000 万元为限，或者在给付身故保险金额的同时再给付主险所交保费的 5 倍，以 1000 万元为限。也就是说，如果姜女士在交了保险费 20 年后不幸身故，则其所能获得的身故保险金除了主险部分外，还有附加险部分，而附加险部分有可能获得 80 万元，也可能获得 200 万元，具体给付金额要看姜女士签订的保险合同的相关规定或条例说明。

4．投资连结险的风险

早在 2014 年 11 月，保监会和银监会就联合发布了《商业银行代理保险业务监管指引》，规范了保险产品在银行的销售模式。其中，投资连结险产品不得通过商业银行储蓄柜台销售。因此，投资者要想购买投资连结险，只能到相关的保险公司购买，或者在各家银行的网上银行查看是否有销售投资连结险产品。

■ 风险一：不保障本金，自负盈亏

投资连结险是理财型保险中投资风险最高的，不保障本金安全，盈亏由投资者自负，实际上是一款披着保险"外衣"的投资产品，有可能遭遇巨大损失。比如，投资连结险的投资账户运作不佳，或者保险收益率随着股市波动而变化等，都可能造成投资者投资失败，最终损失本金。

■ 风险二：账户转换不当，本金越来越少

投资连结险和万能险类似，都采用"寿险＋投资账户"的组合方式，投资者所交保费将分别用于"投资"和"保障"两方面。投资方面，保费在扣除基本费用后便进入投资账户，由保险公司进行投资操作，而投资账户没有资金上限，投资者想往里面放多少钱就放多少钱；保障方面，投资账户中的资金会被定期扣除风险保费，用于提供合同中承诺的风险保障。

如果投资者盲目地将资金转换到投资账户中，则表明该投资连结险不再有获得稳定收益的可能性，投资者将要面对的是所有资金在投资账户中做投资的现。因此，投资收益不固定，甚至有时还会损失本金。

■ 风险三：政策变动，保险公司受冲击而无法开展业务

一旦发生不可预见或不可抗拒的政策变动，保险公司会受到极大冲击，这时公司已无法投资，更别谈收益了。另外，相关经济政策出现变动，

也会使保险公司受到一定影响。比如，国家出台了支持西部大开发政策，但保险公司没有将资金投到西部开发的项目上，而是投到了比较冷僻的项目中，那么收益显然就不好了。

■ 风险四：信用风险

保险公司做各种投资虽然很容易，可一旦出了问题，资金收不回来，无法向投保人进行正常赔付，公司的偿付能力受到保户质疑。比如，某投资者购买了某保险公司的某投资连结险产品，但是该投资连结险产品投资的项目出现严重的亏损，因而投资连结险的收益不可观，甚至出现负收益。此时，购买了该投资连结险的投资者也会相应地面临收益不理想，甚至本金亏损的情况。

投资连结险的风险几乎都是不可避免的，投资者能够使用的规避或降低风险的方法只能是量力而行。投资者评估自身的风险承受能力，若不能承受投资连结险带来的风险，则最好还是避开投资连结险的投资，而如果真的很想通过投资连结险来理财，则需要投资者符合如下所示的一些条件。

- ◆ 具有较强的风险承受能力和投资经验。

- ◆ 闲置资金足够多，就算赔了也不影响正常生活。

- ◆ 认真填写风险承受能力的测评，如实告知，以便保险公司了解投保人风险承受能力。

- ◆ 购买后一定要多关注投资账户的盈亏情况，不要拿它当一份固定收益的产品放任不管。

【提示注意】

投资者在购买保险时，可能会被要求提供银行卡卡号，目的是与保险的投资账户绑定挂钩，到了缴纳保险费时，保险费金额将自动从银行卡中扣除。投资者如果不想采取这种方式缴纳保险费，则需要事先和保险公司说明。

5．简单认识社保

社保是"社会保险"的简称，主要包括五大险，分别是养老保险、医疗保险、失业保险、工伤保险和生育保险。随着经济的发展，人们越来越意识到社保的重要性和便利性。社保虽然是一种强制保险，一般的用人单位都必须购买，但对个人而言，可以自由选择是否购买社保。个人在购买社保时需要注意如图9-2所示的细节。

1 在"延长退休年龄"规定正式实施之前，社保规定女性工人的退休年龄为50岁，女性管理人员的退休年龄为55岁，而男性员工无论工种，退休年龄都为60岁。

2 目前，我国的社保还未实现全国统一，各地缴费金额和赔付等有所不同。不同的缴费金额对应不同的赔付金额和养老金领取金额。

3 保户在转出社保时，异地转移需要转入地社保中心同意，得到同意后，保户才能顺利地转移社保账户所在地。

4 社保是不能退保的，只能放弃缴费或暂停缴费，保户在暂停缴费之后还可以再续保。一般来说，一个保户只有一次暂停缴费机会。

5 参保人在退休之前逝世的，养老保险的个人账户金额由法定继承人继承。

图 9-2　购买社保要注意的细节

个人购买社保，履行按时、足额且连续缴费的业务，当遇到社保保障的相关问题时，可以得到相应的经济保障。如保户在参保期间，没有工作时候可以得到一定的失业补助；或者在退休后领取相应的养老金；抑或生病住院时可用医疗保险报销，医保卡还可以用来买药，一般有相应的折扣和优惠等。

申请人（投保人）携带户口簿原件及复印件、身份证原件及复印件、指定银行的存折以及填写好的《灵活就业人员参加社会保险申请表》，到户口所在地的社会保险经办机构办理参保手续。需要保户注意的是，个人购买社保对年龄有限制，超过 50 岁就不能再办理社保。

9.3 成为保险投资的高手

> 保险投资的过程中，很多细节决定保险投资是否能达到预期的效果，也有很多方法能够帮助投资者防范投保陷阱。除此之外，还有一些窍门可以降低投资者的保险投资成本。下面就来详细了解这些内容，让自己成为保险投资高手。

1. 保费与保额的关系

保费指投保人（投资者）购买保险要缴纳的保险费。而保额是指投保人在发生保险合同保险责任范围内的保险事故时，可以得到的保险金或者给付金额。简单来说，保费是投保人要出的钱，而保额是保险公司要出的钱。

保费的数额与保额的大小、保险费率的高低和保险期限的长短成正比，保额越大，保险费率越高，保险期限越长，则投保人要缴纳的保费就越多。

缴纳保费是投保人或被保险人的义务，若投保人不按期缴纳保费，在自愿保险中，保险合同会自动失效；在强制保险中，投保人需缴纳一定数额的滞纳金。

假设李先生购买了一款保额为 50 万元的人寿保险，保险费率为 2%，采取年交的方式，则理论上李先生每年要缴纳 500000×2% ＝ 10000（元）的保费。同理，如果保险费率为 3%，则李先生每年要缴纳 500000×3% ＝ 15000（元）的保费。当然，如果李先生购买的是其他保额的保险，则需要缴纳的保费又会不同。

有些保险的保费确实是按照"保额 × 保险费率"来缴纳，但也有一部分保险的保费与保额之间没有固定的比例关系，具体情况要咨询相关保险公司的工作人员。

2. 普通家庭买多少保险最合适

一般来说，保额越高，意味着投保人一旦出现保险事故，所获得的赔付越多。但是，保额越高的保险产品，往往保费也越高，有的保险产品的保费是普通家庭承受不起的。因此，投保人在购买保险时，还是要量力而行，不要盲目地将家庭财产用来购买高保额保险，想要凭借侥幸心理期望获得高额的保险金赔偿的做法是不可取的。那么，一个普通家庭一般买多少保险最合适呢？

■ 适合普通家庭的保险类型

对于普通家庭来说，适合购买的保险有意外险、健康险、寿险和财产险等。对于一个三口之家，可以给丈夫（家庭主要劳动力）购买意外险、健康险和寿险，给妻子（家庭次要劳动力）购买健康险和寿险，给孩子购买意外险和健康险，另外再购买一份家庭财产险。综合考虑资金效益，一个普通家庭在给家庭成员购买保险时，可以买一份能保全家健康的保险，所谓"一张保单保全家"。然后买一份家庭财产险，还要为夫妻双方各购买一份寿险，最后还要特别为丈夫购买一份意外险。

■ 普通家庭购买保险的支出比例

普通家庭的收入并不太高，如果想有更多的资金用来消费，那么可以考虑将家庭收入的10%用来购买保险，并且购买的保险最好是保障型的。如果投保人想要用购买保险的方式进行理财，并获得理财收益，则可以考虑将家庭收入的30%用于购买保险。

张女士家是一个三口之家，家中有一个女儿刚满3岁。张女士和他的

丈夫都在民营企业上班，家庭年收入约为 12 万元。如果张女士家目前的开支比较大，则可以考虑按照收入 10% 的标准购买保险，即 120000×10% ＝ 12000（元）用于购买保险。在这 12000 元当中，要购买家庭财产险、一家三口的健康险、丈夫和孩子的意外险以及夫妻双方的寿险，具体的分配情况可根据需要灵活调整。

比如，购买一份保费为 1500 元的家庭财产险、一份保费为 4500 元的一家三口健康险、丈夫保费为 2000 元的意外险和孩子保费为 1000 元的意外险，以及丈夫和妻子分别两份保费为 1500 元的寿险。若都按照保险费率 3% 计算，且保额都是由保费和保险费率决定，则对应的家庭财产险保额为 1500/3% ＝ 50000（元）、一家三口健康险保额为 4500/3% ＝ 150000（元）、丈夫意外险保额为 2000/3%=67000（元）、孩子意外险保额为 1000/3%=33000（元）、丈夫和妻子的寿险保额总额为 3000/3% ＝ 100000（元）。

但如果张女士家目前的开支比较小，则可以考虑将保险作为其中一种理财工具，以收入的 30% 标准购买保险，10% 的部分（即 12000 元）购买保障型保险，剩下的 20%（即 24000 元）则购买投资型保险，在享受保障的同时还能让资产增值。

有些家庭的收入确实比较低，收入的 10% 没有多少钱，能够买到的保险很有限。此时，投保人需要考虑"一张保单保全家"或"一张保单什么都保"的办法，以期用有限的资金让家庭成员都受到保险的保护。

3．中途退保怎么办

投保人首先要明确，自己中途退保肯定会造成资金损失。保险公司一般会按照所谓的现金价值退还投保人投保资金，而现金价值是指保险公司扣除管理成本和业务员佣金后的剩余投保本金。投资者中途退保一般有多种原因，不同原因下的应对办法不同，下面来看看具体情况。

■ 投保人交不起保费而中途退保

在交不起保费的情况下，投保人可以要求保险公司"减保"，即减少保险的保障期限，如将保障期限为 20 年的减少为 10 年或者 15 年等，这样可以降低投保人的保费压力，也是一种变相的中途退保方式。而保单上规定的各项保障是否依旧，则需要投保人与保险公司协商决定。

■ 不想继续持有某保险而中途退保

可以确定的是，投保时间越短，退保的损失越大。通常情况下，很多保险在 5 个保单年度之后才不再支付保险人佣金，而且管理费用才会相应减少。所以，投保人如果想中途退保，应尽可能持有保险 5 年以上，否则可能遭受严重的投保本金损失。

以某大型寿险公司推出的一款长期寿险为例，25 岁男性的年缴保费为 1100 元左右，缴费期限为 20 年，保额为 30 万元。如果投保人第一个保单年度末就退保，对应的现金价值只有 300 元，第二年为 870 元，第五年为 5450 元。投保人一年之后就退保，扣除手续费等费用之后，可能一分钱都拿不回来。而且投保人在前两年需要支付的管理费较多，包括体检、核保和保单制作等费用。此外，在第 3 个到第 5 个保单年度之间，保险公司向业务员（销售保险的人）提供的佣金会递减，到第 5 个保单年度之后，一般不再支付佣金，管理费用也减少。

■ 得知被欺骗购买保险后选择中途退保

这种情况下，投保人有获得全额退保的可能。但全额退保的关键是找到保险公司违规销售或误导投保人的证据，如业务员误导投保人购买保险的录音资料（事后通话录音资料也可以）。投保人如果有这样的证据，就可以委托相关方面的律师帮助自己拿回所有投保本金。但如果找不到证据，就只能通过前面两种方法实现中途退保，但一定会存在资金损失。

4．别被"银保"忽悠了

银行一般都是代售保险公司的保险产品，自身是没有保险产品的，投保人去银行购买保险时一定要坚信这一点。如果向投资者销售保险的人说某保险产品是银行自有的，投资者就要提高警惕，拒绝购买该保险；或者询问清楚该保险的具体内容，最好能通过自身的经验揭穿销售人员的谎言，让销售人员主动承认错误，并重新为投资者说明保险产品的具体情况。

（1）投资者在去银行购买相应的保险产品之前，可以先到相关银行的网上银行查看代售的保险品种，选择出感兴趣或需要的保险品种；然后到相应的保险公司官网上查询是否有该保险，若有，即可确定其真实性，投资者可直接到银行网点向工作人员说明购买保险的意图，并说明要购买的品种。此时，投资者可以比较工作人员针对该保险的说法和网上银行上的产品说明，除了可以了解更多保险信息外，还能检验银行工作人员的话是否可靠。这样，投资者可以降低被"银保"忽悠的可能性。

（2）投资者也可以先到银行的网点选购保险产品，在与工作人员交谈的过程中登录银行官网，查看选购的保险品种详情，如有与网上银行的产品说明不符的地方，及时向工作人员提出来，要求工作人员给出明确的说明或解释。投资者（投保人）要将保险销售人员承诺的、与产品说明书存在不同的条款记录清楚，双方在签订保险合同时，投资者要在合同中重点关注这些记录下来的条款，所谓"白纸黑字"才有强大的说服力。

（3）"银保"产品可能存在收益比一般保险公司销售的保险收益高的情况，但由市场经济的发展态势来看，高出的收益不会太大。投资者在购买"银保"产品时一定不能盲目追求高收益，因为银行只是代售保险，购买保险的后续理赔等事宜，投资者都将与保险公司商谈，如果不了解清楚保险公司的底细就盲目购买高收益保险，投资者可能遭遇保险公司跑路而保险投资本金追不回来的情况。

5．保单质押贷款和避税

保单质押贷款是投保人把所持有的保单直接抵押给保险公司，按照保单现金价值的一定比例获得资金的一种融资方式。若借款人（投保人）到期不能履行债务，且当贷款本息积累到退保现金价值时，保险公司有权终止保险合同效力。

目前保险市场上，寿险的险种条款中经常加入保单质押贷款，这已经成为一种时尚。原因在于，保单质押贷款能够满足保险单的流动性和变现要求，这样一来，投保人相当于用原保费的一部分享受保险的保障，同时获得贷款用于消费或其他投资。对于保险公司来说，这一功能可以提高保险产品的竞争力，帮助产品扩大市场份额。国内目前保险中的保单质押贷款期限一般较短，最多不超过 6 个月，最高贷款金额也不会超过保单现金价值的一定比例（各个保险公司对这个比例有不同的规定，一般在 70% ~ 80%，通过银行购买的保险，这一比例可能达到 90%）。另外，保单抵押贷款会要求投保人支付利息，目前保单抵押贷款的利率相对固定。

很多投资者不知道，其实有些保险类型可以避税，比如遗产税。目前，我国明确了通过购买保险的方式来规避遗产税是合法的。其中，人寿保单就可以避税，但受益人必须明确。人寿保险在规避遗产税时主要有两方面的优势：一是可以减少应税财产，因为投保人寿保险后，资金从个人资产中剥离并划归到保险公司，被保险人身故后保险赔付金不计入应缴税遗产总额；二是人寿保险具有变现能力，被保险人身故后通常是立即给付现金，这笔保险赔付金不会被冻结，而是可以作为缴纳遗产税的资金来源。

寿险的避税方式有两种，一是生前将资产转移，通过为后代投保年金类保险（后代作为被保险人）将资产逐年转移到后代名下，从而减少身故后遗产总额；二是身故后获得赔付，通过在生前为自身投保寿险，身故后保险赔付金直接付给继承人而不计入遗产总额。

·10·

.PART.

认识基本
面分析

基本面
分析案例

基本面分析，掌握银行理财产品大趋势

银行理财产品一般都有募集期，几乎所有产品在募集期内都不计算收益。有些系列产品还会不定期发售各期产品，每期产品的投资收益也可能不同。因此，投资者选对购买时机才有利于盈利，从而达到理想收益。本章将详细讲解基本面分析和利用基本面分析掌握购买银行理财产品的时机。

@ 10.1 认识基本面分析

> 基本面分析又称基本分析，是以银行理财产品的内在价值为依据，着重于对影响银行理财产品价格及其走势的各项因素的分析，以此分析结果决定投资购买哪种银行理财产品及何时购买产品。

基本面分析一般有两项基本任务，一是评估银行理财产品的内在价值，作用在于为判断银行理财产品价格确立一个参考标准；二是因素分析，通过对与银行理财产品存在逻辑关系的各种因素进行分析，探索银行理财产品价格决定其变动的内在原因，并在此基础上对银行理财产品的价格走势进行判断。

投资者在对银行理财产品进行基本面分析时，有五大分析要素，具体内容如下。

◆ 经济因素：经济周期、国家财政状况、金融环境及行业经济地位的变化等都将影响银行理财产品的价格。

◆ 银行自身因素：银行理财产品的自身价值是决定理财产品价格的最基本的因素，而这主要取决于银行理财产品投资对象的经营情况、带来的股息红利派发情况、对象发展潜力以及对象的投资收益水平等。

◆ 行业因素：银行业在国民经济中地位的变更、行业的发展前景和潜力、新兴行业引来的冲击、银行在行业中所处的位置、银行经营状况、资金组合的改变及领导层人事变动等，都会影响银行理财产品的价格和投资收益。

◆ **市场因素**：投资者的动向、大额投资者的意向、银行与金融机构
的合作以及银行的理财产品的盈利方式等，都会对理财产品的价
格形成较大的影响。

◆ **心理因素**：投资者在受到各个方面的影响后产生心理状态改变，
做出盲目购买理财产品或抵制银行理财产品等行为，这往往也是
影响银行理财产品收益和业绩的重要因素。

基本面分析的优点是能够比较全面地把握银行理财产品的收益水平，
但缺点也很明显，即预测结果只是一种参考意见，不能对银行理财产品的
收益进行百分之百地精确预估。投资者需要做的是，通过对银行理财产品
的基本面分析来深入了解某产品的详细情况。

1. 基本面分析银行理财产品的流程

在选购银行理财产品时，先要完成一次基本面分析，具体操作步骤如
图 10-1 所示。

1 从各方面收集国家财政状况、金融环境、银行在行业经济中的地位
情况、相关理财产品的供需关系、理财产品在行业中的竞争力、投
资者的理财意向、银行理财产品的收益方式是否符合大众要求以及
会影响投资者理财决定的因素等信息。

2 对收集到的信息进行相关的数据分析，整理出统一的分析结果。在
收集信息的过程中掌握获取基本面信息的渠道，善于归纳整理。

3 分析出基本面信息与理财产品收益的关系，找到银行理财产品未来
的收益趋势或转折点，判断购买时机。

4 制定出最佳的投资决策，不错过理财时机，也避免导致投资资金使
用效率的降低。除非有大的市场变化或政策变化，一般投资决策不
要轻易改变。

图 10-1　基本面分析银行理财产品的流程

投资者一般在分析银行理财产品的基本面时，主要了解银行理财产品

的投资对象、投资对象的市场行情、银行对该产品的销售情况、产品的预期收益率、投资期限、存在的风险、与其他银行同类产品相比具有的竞争力、目标客户群的广泛度以及购买与赎回方式等，这些都可以作为分析银行理财产品收益是否有达到预期收益率的可能性的依据。

2．注意规避基本面的不足

任何分析方法都存在不足之处，投资者如果不能规避这些不足，很可能因为分析方法的不足得出错误的投资决策信息。

■ 基本面分析的时效性较差

基本面分析的因素都是前期的，从时间上来说，时效性较差。投资者通过基本面分析得出的结论一般与过去的销售情况有关，而要将分析的结果作为后期投资理财的参考，只能算是预测，不能精确判断银行理财产品后期的发展情况。也就是说，投资者通过基本面分析得出的结果，只能在做购买或不购买某银行理财产品决定时使用，一旦投资者购买了某理财产品，基本面分析的结果就会失去实质性的指导意义。投资者此时需要时刻关注理财产品的动向，而不是概念性的基本面分析。

■ 基本面分析的笼统性

由于基本面分析的因素都是在大的市场环境下形成的，所以基本面分析的结果不能准确判定购买银行理财产品的精确时间点，而只能给出一个适合投资某产品的时间段。运气不好的投资者，可能刚好在行情好的时间段尾部购买理财产品，一旦买入就遭遇理财收益下跌的窘境。

■ 基本面分析与银行理财产品投资对象间的"隔阂"

基本面分析的是银行理财产品的相关情况，很难准确把握银行理财产品投资对象的经营状况，而银行理财产品的收益率取决于投资对象运营的好坏。所以为了避免基本面的这一不足，投资者在做基本面分析的时候，要重点分析银行理财产品投资对象的运作情况。

3．各理财产品是相互影响的

银行的各理财产品之间既存在竞争关系，同时也存在互补关系。这两种关系可以互相影响理财产品的供求关系。下面以工商银行的现金管理类灵通系列的两款理财产品为例，对比其内容，分析两者之间存在怎样的影响。如表 10-1 所示是"工银灵通快线"和"灵通快线个人超短期高净值客户专属 7 天增利人民币理财产品"的对比信息。

表 10-1　工商银行现金管理类灵通系列的两款理财产品对比情况

对比项目	工银灵通快线	灵通快线个人超短期高净值客户专属 7 天增利人民币理财产品
期限	无固定期限	最短持有 7 天
预期年化收益率	2.1% ～ 3.3%	2.2% ～ 2.9%
风险等级	PR1	PR2
是否分红	否	是
销售费率	0.6%/ 年，按日由资产余额计提	0.2%/ 年，按日由资产余额计提
托管费率	0.03%/ 年	0.03%/ 年
各档次预期最高年化收益率	客户理财账户中当日日末本产品份额＜100 万份（不含），2.1%；100 万份≤份额≤300 万份（不含），2.3%；300 万份≤份额≤500 万份（不含），2.5%；500 万份≤份额≤2 亿份（不含），2.8%；份额≥2 亿份，3.3%	预期最高年化收益率随客户认购金额的不同而不同，5 万元≤认购金额＜100 万元，2.2%；100 万元≤认购金额＜300 万元，2.5%；300 万元≤认购金额＜500 万元，2.7%；认购金额≥500 万元，2.9%

续表

对比项目	工银灵通快线	灵通快线个人超短期高净值客户专属 7 天增利人民币理财产品
收益分配方式	按季分红，全额赎回时结清收益，每季季末月 24 日未分红权益登记日	每周分红兑付（产品起始日后第一周周一不分红），分红兑付日与分红到账日不计利息
分红到账日	分红权益登记日后的第三个工作日	周二分红到账
投资对象	高流动性资产（债券和债券基金、货币市场基金、同业存款及质押式和买断式回购），投资比例为 30% ~ 100%；债权类资产（债权类信托），0 ~ 70%；其他资产或资产组合（保险资产管理公司资产管理计划、证券公司及其资产管理公司资产管理计划、基金公司资产管理计划，0 ~ 70%）	高流动性资产（与工银灵通快线相同），投资比例为 10% ~ 90%；债权类资产（债权类信托、股票收益权类信托、交易所委托债权、交易所融资租赁收益权、交易所委托票据及其他），10% ~ 90%；权益类资产（股权类信托、结构化证券投资信托计划优先份额及其他），0 ~ 30%；其他资产或资产组合（与工银灵通快线相同），0% ~ 30%

　　如果大部分投资者对理财产品的资金流动性要求较高，则会选择购买"工银灵通快线"。那么，就会影响"灵通快线个人超短期高净值客户专属 7 天增利人民币理财产品"的销售，没有足够的资金支持，该品种投资对象的运营状况就会受到影响，进而影响该品种的预期年化收益率，形成恶性循环，最终导致产品销售业绩下滑，市场份额下降。

　　投资者在对比两种产品的各等级收益率时，一般都会选择收益较高的品种。而且投资者在考虑自身投资实力时，在同一投资水平上也会选择收益率高的产品，比如投资金额在 300 万元 ~ 500 万元，投资者会选择投资收益率为 2.7% 的"灵通快线个人超短期高净值客户专属 7 天增利人民币理财产品"，而不是收益率为 2.5% 的"工银灵通快线"。

以此类推，投资者根据自身的需求选购银行理财产品时，选中了一款产品就会对其他的理财产品造成一定影响。所以，投资者在分析银行理财产品的基本面时，可以对相关的其他理财产品信息进行分析，然后与所要分析的产品进行对比，找出两种产品的不同点和影响程度，进而决定是否购买该产品及购买该产品的时间。

10.2 利用基本面分析银行理财产品

不同的基本面分析因素，对银行理财产品的影响是不同的。有的因素可以分析理财产品是否可以成功发布，有的因素会影响理财产品的运作情况和收益情况。投资者要学会利用基本面，分析银行理财产品的投资价值。

1．供求影响理财产品发布

在投资理财市场中，银行理财产品的种类很多，不同银行发布的产品可能存在相似性。相似的理财产品之间竞争力很大，如果没有出众的特点，很难吸引投资者购买。长此以往，银行理财产品供大于求，影响银行的经营业绩，银行为了规范自身的产品，很可能就会撤销经营不好的理财产品，甚至把即将要发布的类似产品"扼杀"在"摇篮"中，不向投资者开放销售。

大部分银行的人民币理财产品的投资范围较广泛，包括债券和基金等，也有产品通过对接信托计划进行新股申购或实业投资，还有挂钩利率指数、汇率指数和资源类指数的产品，主要分为债券型、信托型和挂钩型

理财学院：银行理财产品一本通

几类。通过查看中国银行于 2016 年 8 月 17 日更新的在售理财产品列表，发现人民币理财产品共 50 种，而外币理财产品有 8 种，长期开放类人民币理财产品有 8 种，所以人民币理财产品占总的理财产品比例为 50/（50＋8＋8）＝ 75.76%，供应量很大。

如果在 2016 年，投资者购买中国银行人民币理财产品的人数较多，或者购买份额较大，则中国银行可能会在 2017 年继续发布大量的人民币理财产品；如果在 2016 年投资者购买中国银行人民币理财产品的人数很少，或者份额较小，则中国银行可能会在 2017 年减少人民币理财产品发布的品种数量。同时，增加 2016 年期间投资者比较喜欢的理财产品种类。

银行之所以有这样的应对措施，是因为银行发布理财产品的目的除了帮助投资者赚钱，还要帮助银行自身获得营业利润，如果对需求很大的产品不做"加量"处理，则会白白浪费市场资源；而如果对需求不大的理财产品放任不管，银行不仅得不到经营收入，反而会加大理财产品的销售成本，对银行来说是百害而无一利。

再者，如果某类型的银行理财产品在投资者人群中已经达到了需求饱和度，则银行即使提供再好的理财产品，其边际收益也增加不了多少。边际收益增长缓慢将致使管理成本的增加。比如，银行提供 50 种理财产品，假设理想需求是 48 种产品都销售一空，则其经营效率为（48/50）×100% ＝ 96%；当银行提供 80 种理财产品时，有 70 种理财产品销售一空，则其经营效率为（70/80）×100% ＝ 87.5；而当银行提供 100 种理财产品时，同样也只有 70 种理财产品销售一空，此时说明市场对理财产品的需求已经达到饱和，经营效率为 70%。这时，银行每增加一种理财产品，需求量都不改变，间接降低了每种理财产品的平均效益。如果银行理财产品的供求关系出现了这样的情况，银行将会采取措施，降低成本，提升理财产品的平均效益。通俗地讲，就是在供大于求时减少销量不好的产品，供小于求时增加销量好的产品。

不过目前我国银行理财产品的发行总量不足（供小于求），所以才促使了银行理财产品的迅猛发展，越来越多的理财产品在各家银行亮相。

2．利率对银行理财产品收益的影响

在我国，利率政策是实施宏观货币政策的重要杠杆，政府通过利率调整来干预经济。在经济萧条时期，降低利率，扩大货币供应，刺激商业经济发展。在经济膨胀时期，提高利率，引导货币回流，减少货币供给，抑制经济的恶性膨胀。通过变动利率的办法来影响消费，间接调节通货膨胀。在这样的情况下，利率会影响银行理财产品的收益。

目前，银行中销售的理财产品很大部分是在储蓄型产品的基础上设计的，所以基准利率上升将会拉升这类产品的收益率；反之，利率下降也会打压这类产品的收益率。

无风险利率对收益率起"基础决定"作用，通常以一年期银行定期存款利率或国债收益率表示无风险利率，而一年期固定收益人民币理财产品的平均收益率始终高于定存利率。从理论上说，银行的每一次加息都将带动银行理财产品收益率曲线中枢出现上移。

例如，2010 年 10 月至 2011 年 7 月，央行连续 5 次加息，一年期定存利率由 2.25% 上调至 3.50%，而一年期银行理财产品平均收益率也相应地由 2.70% 上涨至 5.25%。

所以，正常情况下，银行理财产品的收益率与银行定期存款的利率成正比关系，同时增长或同时降低。投资者可以选择在银行定存业务的收益率较高时，购买银行理财产品，获得高收益的可能性更大。

3. 汇率如何影响银行理财产品

随着商业银行境外理财业务的开展，汇率作为一个不可避免的风险因素，成为影响商业银行理财产品收益的因素之一。由于受到理财产品期限因素的限制，产品不能随时变现，用外币作为投资币种而购买的理财产品，必然会受到汇率波动带来的影响。

人民币汇率上升，说明 1 元人民币能够兑换更多的美元或其他货币，人民币升值，人民币的购买力增强，投资者可以将更多的盈余存入银行，而银行为了吸收多余的流动资金也会相应地提高储蓄利率。这样一来，投资者的资金进入银行不仅可以进行储蓄，还可以购买理财产品，从而促进银行理财产品的需求，最后反作用于理财产品的收益率，致使收益率提高。

反之，人民币汇率下降，说明 1 元人民币能够兑换的美元或其他货币的金额减少，人民币贬值，人民币的购买力减弱，投资者需要更多的资金用于消费。因此，资金会从银行流出，而银行为了减轻市场中的通胀压力，也会降低利率放出银行中的资金。这样一来，投资者的资金将从存款或理财产品中流入商品市场，抑制银行理财产品的销售，反作用于理财产品的收益率，致使收益率降低。

2016 年 8 月 16 日，银行更新的人民币汇率为 CNY（人民币）/USD（美元）＝ 0.1508，即 1 元人民币可兑换 0.1508 美元。假设 2016 年 8 月 18 日，人民币汇率上升到了 0.16，说明 1 元人民币可以多兑换 0.16-0.1508=0.0092（美元），人民币升值，人民币的购买力也增强。原来能用 1 元人民币购买的商品，可能只需 0.8 元就能买到，那么投资者就有 0.2 元的盈余，这些盈余可以存入银行或购买银行理财产品。如果一个投资者手中有 10000 元，原本打算用 5000 元购买商品，剩余 5000 元用于储蓄或者购买理财产品，而现在只需花 $0.8 \times 5000 ＝ 4000$（元）就能买到同样的商品，剩余（10000 － 4000）＝ 6000（元）可以用于储蓄或购买理财产品。

如果再加上银行为了吸收市场中的多余资金而提高存款利率，则会吸引更多投资者的资金流入银行，包括流向银行理财产品。这时就会促进理财产品的经营效益，而理财产品的投资对象得到支持后，运营状况可能变得更好，相应地，理财产品的投资收益就会提高。

4. 投资对象影响理财产品收益

在现代资产组合理论和资本资产定价模型的指导下，商业银行设计出品种繁多的理财产品。商业银行根据不同的投资对象，将募集到的理财资金按照一定的资产比例购买相应的金融资产。不同投资对象的金融资产丰富了理财产品的风险梯度，这也意味着理财产品的收益将会不同。

一般情况下，商业银行理财产品投资的金融资产风险越低，收益就会越低；反之，理财产品的收益会随着所投金融资产风险的增大而提高。

例如，债券和货币市场类理财产品主要投资于国债、中央银行票据和金融债券等金融资产，由于这类金融资产具有最高的信用等级，使得其风险性最低。投资于这些金融资产的银行理财产品的收益率一般也较低，基本可以归类到固定收益理财产品中。而组合类理财产品通常投资于由债券、票据、信贷资产以及其他金融产品等多种金融资产组成的资产组合或资产池，在尽可能分散投资风险的情况下获得稳定收益，风险水平适中，收益也适中。下面以工商银行的两款产品为例，进行投资对象和理财收益的对比，证实投资对象对理财产品收益的影响。

"保本稳利35天"理财产品和"安享回报"套利273天人民币理财产品都是工商银行推出的两款理财产品。其中，"保本稳利35天"理财产品属于PR1风险等级的产品，而"安享回报"套利273天人民币理财产品属于PR3风险等级的产品。两者的预期年化收益率和具体的投资对象等情况如表10-2所示。

表 10-2　"保本稳利 35 天"和"安享回报"套利 273 天人民币理财的收益比较

对比项目	保本稳利 35 天	"安享回报"套利 273 天人民币理财
投资对象	1. 高流动性资产（20% ～ 100%）：债券及债券基金、货币市场基金、同业存款和质押式及买断式回购； 2. 其他资产或资产组合（0 ～ 80%）：证券公司及其资产管理公司资产管理计划、基金公司资产管理计划、保险资产管理公司投资计划和协议存款组合	1. 高流动性资产（0 ～ 80%）：债券及债券基金、货币市场基金、同业存款和质押式及买断式回购； 2. 其他资产或资产组合（0 ～ 80%）：证券公司及其资产管理公司资产管理计划、基金公司资产管理计划、保险资产管理公司投资计划和协议存款组合； 3. 债权类资产（20% ～ 100%）：债权类信托、交易所委托债权、股票收益权类信托和交易所融资租赁收益权投资； 4. 权益类资产（0 ～ 80%）：股权类信托、新股及可转债申购信托（含网上及网下）和结构化证券投资信托计划优先份额
预期年化收益率	2.75%	3.85%

　　"保本稳利 35 天"理财产品最短持有天数为 35 天，而"安享回报"套利 273 天人民币理财产品最短持有天数为 273 天。由投资对象看，"保本稳利 35 天"理财产品的投资对象一般为债券、债券基金和货币基金等风险较低的金融工具，这些金融工具的运营比较稳定，风险较低，相应的收益也会比较低，所以投资这类金融工具的银行理财产品的预期年化收益率就比较低；而"安享回报"套利 273 天人民币理财产品投资的对象除了有债券、货币基金等低风险金融工具外，还有债权类的信托、股票和股权等风险较高的金融工具，投资风险大，收益就比较高，所以投资这类金融工具的银行理财产品的预期年化收益率也相对更高。

　　而且从另一个方面看，"安享回报"套利 273 天人民币理财产品的投资对象明显比"保本稳利 35 天"理财产品的多，涉及的收益类型也相应增多，总的收益就会增加，收益率也就更高。比如，"安享回报"套利 273 天人民币理财产品投资的债权类资产和权益类资产，在理财过程中，投资者可能还会分得一些红利或者股息。如果投资对象的经营状况良好，甚至经营状况非常好，则投资者能够分到的红利或股息会相应增多。相比于只投资债券、货币基金等低风险金融工具时只收获利息而言，红利与股息大大提升了银行理财产品的预期年化收益率。

另外，从表 10-2 中可以看出，不同的银行理财产品，在同样的投资对象上的投资比例也会有区别。比如，某投资者用 10000 元购买"保本稳利 35 天"产品，而其中的 5000 元投资于高流动性资产，另外 5000 元投资于其他资产或资产组合，到期时能够获得的收益为 $10000 \times 2.75\% = 275$（元）。而如果投资者购买"安享回报"套利 273 天人民币理财产品，可能其中只有 2000 元投资于高流动性资产，2000 元投资于其他资产或资产组合，3000 元投资于债权类资产，剩余的 3000 元投资于权益类资产，此时的收益为 $10000 \times 3.85\% = 385$（元）。事实上，银行理财产品的预期年化收益率之所以不同，也是因为投资对象所占的比例不同，预期年化收益率一般是综合考虑了所有投资对象的投资风险及投资比例等因素后得来。

正所谓"高风险高收益"，不仅股票市场如此，银行理财产品的投资也遵循这一规律，风险与收益通常都成正比，投资者既不愿承担高风险，又想获得高收益的想法是不科学的。有付出才会有回报，付出的亏损风险越大，获得的收益也就越高。

5. 期限也是银行理财产品收益的决定因素

众所周知，很多理财产品的收益率都与投资期限有关，包括存款、债券、基金以及银行理财产品等。同一类型的理财产品可能因为投资期限的不同，而有不一样的预期收益。下面就以工商银行的尊利类理财产品为例，对比期限与预期年化收益的关系。如表 10-3 所示的是个人尊利 40 天、个人尊利 60 天和个人尊利 90 天等产品的投资期限与预期年化收益率。

表 10-3　工商银行个人尊利类理财产品的投资期限和预期收益情况

产品名称	投资期限	预期收益
个人尊利 40 天	最短持有 40 天	3.5%
个人尊利 60 天	最短持有 60 天	3.7%
个人尊利 90 天	最短持有 90 天	3.75%
个人尊利 120 天	最短持有 120 天	3.75%
个人尊利 150 天	最短持有 150 天	3.8%

个人尊利类理财产品属于 PR3 风险等级的产品，风险水平为中等。投资者持有期限越短，遭遇风险致使投资资金亏损的可能性越小，承担的压力相对越小；而持有期限越长，遭遇风险致使投资资金亏损的可能性越大，承担的投资压力越大。根据投资风险和收益成正比的规律，持有期限越长的产品，投资收益会越高。相当于投资者付出了精神损失的代价进而换来了高收益。

表 10-3 中"个人尊利 90 天"和"个人尊利 120 天"的投资收益率相同，说明这两个持有期限对于投资者来说，承担的风险相同或在一个特定的范围内，而这个特定范围的风险对应的投资收益相同。

一般来说，银行理财产品的投资期限和投资收益率成正比。投资者在购买理财产品时一定要考虑清楚产品的投资期限，有些产品不能提前赎回，有些产品提前赎回可能损失一定的手续费。所以投资者如果一开始就计划好投资期限，就不会在投资过程中面临这些问题。

.11.

. PART .

网上银行
基本操作

网上银行
轻松理财

网上理财
工具

便捷的
手机理财

轻松操作，用网上银行、手机银行理财

在当前这个移动互联网时代，投资者的理财手段越来越
先进，银行的理财产品也可以通过网上银行或手机银行购买，
方便且快捷，尤其是用手机理财，能更安全地实现随时随地
理财。本章将讲解一些在网上银行和手机银行上理财的具体
操作，让投资者快速学会利用互联网便捷理财的方法。

11.1 网上银行的基本操作

> 利用网上银行购买理财产品时，一般都会涉及很多基本操作，比如资金款项的支付、转账汇款以及查看投资明细情况等。在进行网上银行理财之前，首先要学会这些基本操作，在投资理财时才能得心应手、顺理成章。

1. 如何开通网上银行

投资者在网上银行购买银行理财产品时，一般需要通过银行卡支付投资款项，而只有开通了网上银行或添加了快捷支付的银行卡才能在网上进行支付。下面以开通工商银行的个人网上银行为例，讲解基本操作。

Step01 进入工商银行的官网首页（http://www.icbc.com.cn/icbc/），在页面左侧"用户登录"栏里找到"个人网上银行"选项卡，单击其下方的"注册"超链接，进入个人网上银行的注册页面。

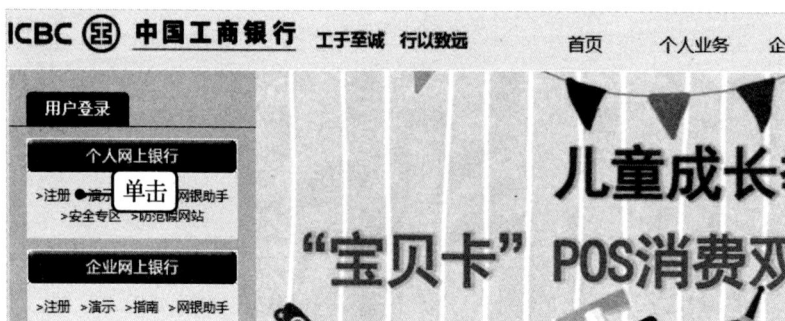

Step02 在打开的页面中依次填写姓名、证件号码、手机号码以及验证码等信息，然后单击"下一步"按钮。

Step03 在打开的页面中仔细阅读协议，然后单击"接受此协议"按钮。

Step04 在打开的页面中输入账号、账户密码、身份证号码、网上银行登录密码及验证码等信息，然后单击"提交"按钮，最后确认银行卡卡号无误后单击"确定"按钮，完成网上银行的注册开通。

2. 将资金转账汇款给别人

在这个经济时代，向别人借钱或者借钱给别人都可以直接通过银行转账的方式进行。投资者有时会将自己的钱借给正在做投资的朋友或者亲戚，这时候如果还要亲自跑一趟银行到 ATM 机上操作，甚至是到柜台请银行工作人员办理转账业务会非常浪费时间。所以投资者学会通过网上银行转账的话，省时又省心。下面以工商银行为例，讲解具体的网上银行转账汇款操作。

Step01 登录工商银行的个人网上银行，在首页面左上角的"最爱"栏里单击"转账汇款"按钮。

Step02 在打开的页面中，系统将默认为"境内汇款"，若需要向境外汇款，只需单击"跨境汇款"选项卡。这里以默认的"境内汇款"为例，填写收款姓名、收款卡号、汇款金额和付款卡号等（收款银行、认证方式、手机号码和"我同意开通工银 e 支付，并已阅读接受《中国工商银行电子银行个人客户服务协议》"等内容通常系统已经默认），单击"下一步"按钮。

Step03 在打开的页面中确认转账信息，无误后填写卡号密码（银行卡取款密码），将手机接收到的短信验证码输入到"短信验证码"文本框中，单击"确认"按钮即可转账成功（如果在规定的时间内没有收到短信验证码，则需要单击"重新获取短信验证码"按钮再次尝试获取验证码）。

3．如何完成一次在线支付

投资者可以通过网上银行直接购买银行理财产品，然后通过网上银行或快捷支付等方式支付购买理财产品所需的款项金额，快捷又方便。下面以购买工商银行理财产品为例，讲解完成一次在线支付的具体过程。

Step01 登录个人网上银行，在首页面左上角的"最爱"栏里单击"理财"按钮。

Step02 在新页面中选择要购买的理财产品的类型并单击相应的超链接，这里单击"稳利类"超链接。在下方的产品列表中找到要购买的产品（可以单击产品名称的超链接，进入详情页查看产品的具体内容），选好产品后，在其右侧单击"购买"按钮。

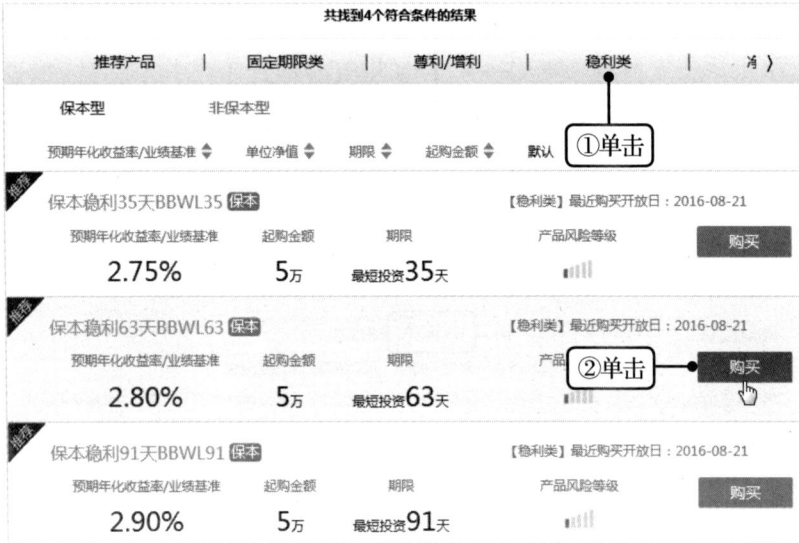

Step03 此时，如果投资者没有到工商银行进行过风险评估的话，系统会提示投资者先到工商银行网点进行风险评估后才能继续购买理财产品。此时按要求单击"取消"按钮，然后投资者到银行网点完成风险测评。测评结束后，即可在个人网上银行进行理财产品的购买交易，按照 Step02 的操作购买理财产品，在单击了"购买"按钮后输入银行卡的支付密码，支付成功后即成功购买银行理财产品。

4．如何查看自己的银行投资明细

很多投资者在有资金支出时，都想通过查看收支明细来确认资金支出情况，包括购买理财产品时资金的使用状况。查看自己的银行投资明细，不仅能掌控资金的来龙去脉，还能防止资金被盗。下面以工商银行为例，讲解查询个人投资明细的具体操作步骤。

Step01 登录个人网上银行，在首页面左上角的"最爱"栏里单击"我的账户"按钮。

Step02 在打开的页面中可以查看到"卡列表"，在其右侧单击"明细"按钮。

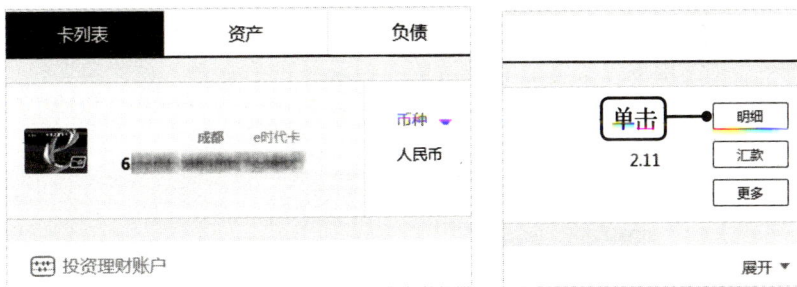

Step03 在打开的页面中选择起止日期，单击"查询"按钮，在页面下方即可看到相应时间段内的所有收支明细。除此之外，用户还可以单击"下载"按钮，将明细电子档下载到本地电脑中，可以作为以后解决经济纠纷的重要凭证。

Step04 返回到"卡列表"页面，单击"资产"选项卡，在其下方单击"投资理财"超链接即可查看自己购买的产品及支出的金额，以往购买过的理财产品都会显示在该页面中，投资者可以查看确认。

11.2 在网上银行轻松理财

投资者开通了网上银行，购买银行理财产品时就会很方便，只要在网点完成了风险测评后就可直接在网上进行理财产品的购买和赎回。不仅如此，在网上银行可以直接进行定期存款业务的办理，操作简单又方便。

1. 完成一次定期存款的存入

通过网上银行完成定期存款的存入，可以算是一项最简单且基本的银行理财操作。目前，由于很多投资者都在办理银行定期存款业务，所以银行网点每天都是人满为患。在这样的情形下，投资者需要掌握在网上银行直接存定期的方法，这样可以节省不少精力和时间。下面以工商银行为例，讲讲具体的存入步骤。

Step01 登录个人网上银行，在首页将鼠标光标移动到"全部"菜单项处，在弹出的下拉列表框中将鼠标光标移动到"存款、贷款"选项卡处，单击"定期存款"超链接。

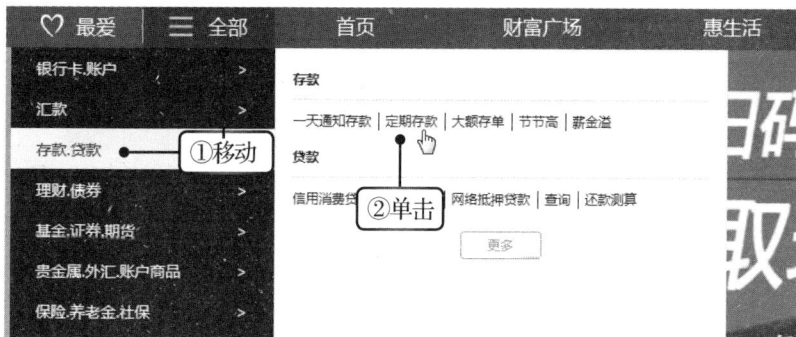

Step02 在打开的页面中可以看到很多不同存款期限的定期存款业务，选择一个自己需要的存款期限，这里选择"个人人民币1年期整存整取存款"业务，单击其右侧的"存入"按钮。

Step03 在打开的页面填写转出卡账户和存入金额，设置约转存期，查看到期后本息和，确认信息无误后单击"提交"按钮。

Step04 在打开的页面中确认存入信息，确认无误后单击"确定"按钮即可完成定期存款业务的办理。

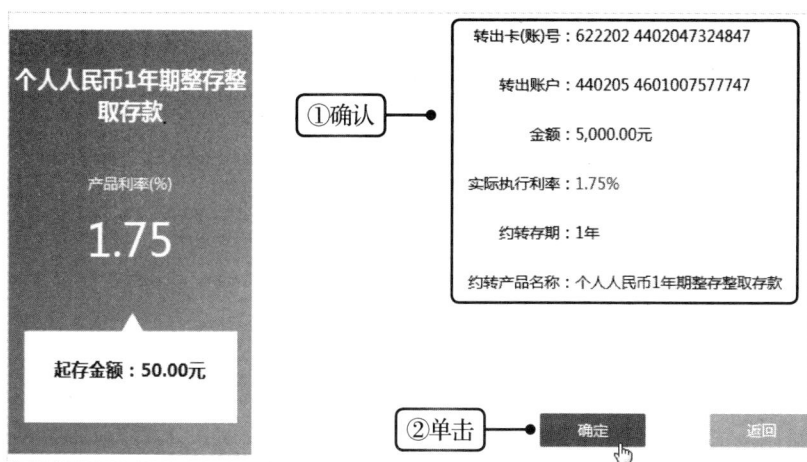

2．在网上购买账户黄金

目前，国内很多银行都有销售贵金属，包括黄金、白银、铂金和钯金等。投资者也可以通过网上银行购买贵金属，轻松简单地进行贵金属投资。下面以工商银行网上银行为例，讲解购买账户黄金的具体操作。

Step01 登录个人网上银行，在首页单击"贵金属"超链接（如果没有该选项，则可以在"全部"选项卡中找到"贵金属"选项）。

Step02 打开"账户贵金属"页面，在其右侧的品种列表中找到"人民币账户黄金"选项，单击右侧的"交易"按钮。

Step03　投资者首次进行账户贵金属交易时，需要先完成风险承受能力评估和产品适合度评估，签署《中国工商银行账户贵金属交易协议》，并制定资金账户。所以需要单击"这里"超链接去完成相关评估。

Step04　在打开的页面中单击"查看详情"超链接阅读账户贵金属协议、产品介绍和交易规则，选中"本人已充分了解"复选框，单击"已阅读并接受"按钮。

Step05　在打开的页面中确认资金账户卡号和提醒手机号码，单击"确认"按钮。

资金账户卡(账)号：成都 ▨▨▨▨▨▨▨▨▨▨▨▨

提醒手机号码：1▨▨▨▨▨▨

①确认

②单击　确认　　上一步

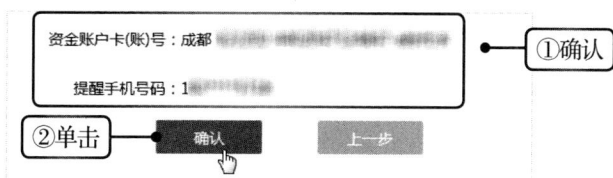

Step06 此时系统会提示协议签署成功，然后单击"交易"按钮。

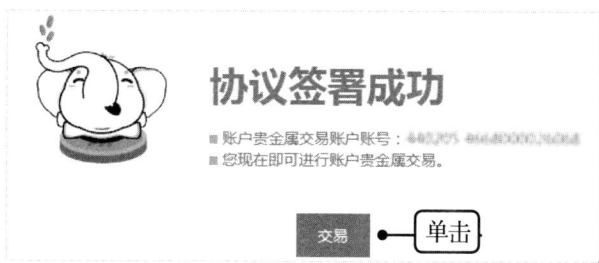

协议签署成功

■ 账户贵金属交易账户账号：▨▨▨▨▨▨▨▨▨▨▨▨
■ 您现在即可进行账户贵金属交易。

交易　单击

Step07 返回到账户黄金购买页面，根据投资者自身的需求选择合适的交易方式和交易数量，这里单击"先买入后卖出"选项卡，选中"实时"单选按钮，输入交易数量为"5.00"克，在交易数量下方可看到参考交易价格和参考交易金额，确认后单击"下一步"按钮。

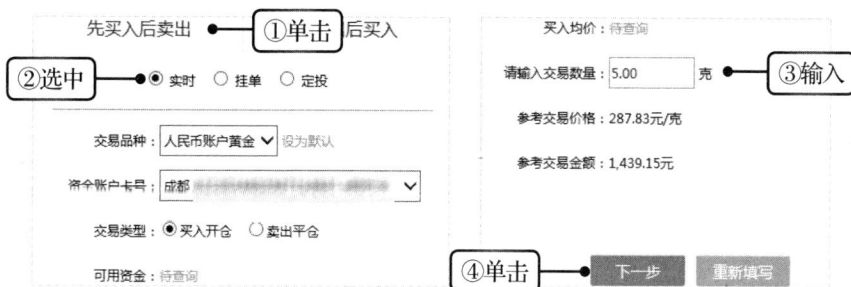

先买入后卖出　①单击 后买入

②选中　● 实时　○ 挂单　○ 定投

交易品种：人民币账户黄金 ▾ 设为默认

资金账户卡号：成都 ▨▨▨▨▨▨▨▨ ▾

交易类型：● 买入开仓　○ 卖出平仓

可用资金：待查询

买入均价：待查询

请输入交易数量：5.00　克　③输入

参考交易价格：287.83元/克

参考交易金额：1,439.15元

④单击　下一步　重新填写

Step08 在打开的页面中查看具体的交易信息，但需要注意的是，投资者要尽快确认，单击"确认"按钮提交交易申请，超时将需要重新提交。

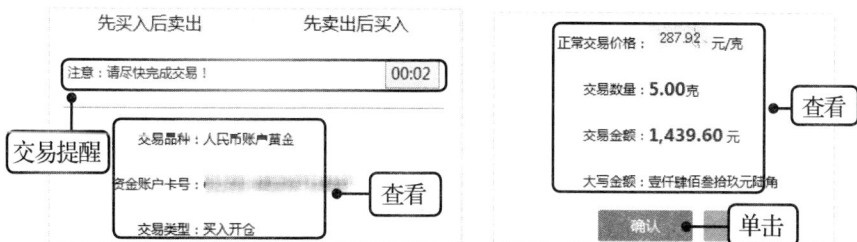

先买入后卖出　　　先卖出后买入

注意：请尽快完成交易！　00:02

交易提醒

交易品种：人民币账户黄金

资金账户卡号：▨▨▨▨▨▨　查看

交易类型：买入开仓

正常交易价格：287.92 元/克

交易数量：**5.00克**

交易金额：**1,439.60 元**　查看

大写金额：壹仟肆佰叁拾玖元陆角

确认　单击

提交购买信息成功后，即购买了人民币账户黄金，投资者可在合适的时间，通过网上银行将账户黄金卖出，赚取收益。步骤与购买操作类似。

3. 保障网上银行的安全

一直以来，网络本身的安全性受到人们的质疑，对于投资者来说，网上银行的安全性非常重要，那么如何才能提高个人网上银行的安全性呢？下面以工商银行为例，讲解提高网上银行安全性的相关操作。

Step01 登录个人网上银行，将鼠标光标移动到首页右上角的"我的网银"选项卡处，在弹出的下拉菜单中选择"安全"命令。

Step02 在打开的页面中即可进行手机号绑定、预留验证信息修改、登录密码修改、登录设置和注销网上银行等操作，保障网上银行的安全。

11.3 丰富的网上理财工具

> 投资者不仅可以通过相关银行的网上银行购买理财产品，很多综合性的理财网站也会发布理财产品信息，投资者可以通过这些网站购买理财产品。另外，一些投资理财软件更是看盘和分析理财产品行情的有利工具。

1. 综合类理财网站的使用

综合类理财网站中，包含了各种各样的理财工具和产品，如股票、债券、基金、外汇、银行、保险和房产等。投资者可通过这类网站挑选适合自己理财的产品，了解这些产品的详细情况。下面以"和讯理财"为例，介绍其具体的使用方法。

进入和讯理财官网（http://money.hexun.com/），在首页上方除四大板块——新闻、投资、工具和互动外，还有理财头条，如图 11-1 所示。

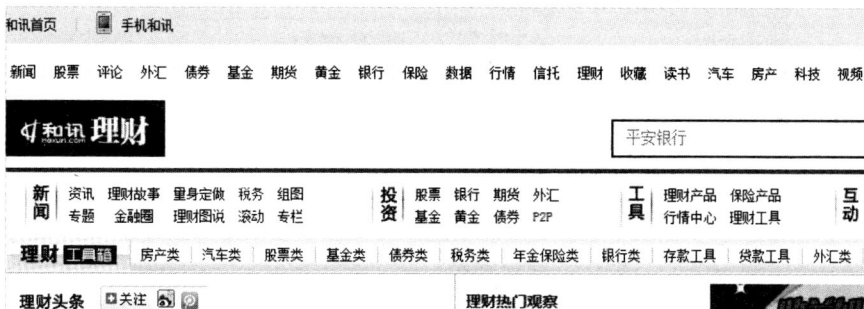

图 11-1 和讯理财首页

在这里，投资者可以查看最新的经济类新闻，选择自己喜欢的投资工具，并通过合适的工具，比如计算理财收益的工具帮助理财。还可以进入社区与其他投资者互动。另外，还可以在"理财头条"板块中查看理财的最新要闻，这些头条可以成为投资者理财的参考意见或经验积累。

往下浏览页面，和讯理财专门设计了各种金融工具专区、专栏、投资工具和产品查询等板块，如图11-2所示的是银行产品查询区、基金投资工具区和黄金品种投资专栏。

图 11-2　和讯理财的专区、专栏设计

在这些区域里，投资者可以查看具体产品的价格、行情走势及相关要闻，也可以根据参考数据计算理财产品的预期收益。另外，和讯理财网站中还设计了一些金融工具的入门知识板块和"理财杂志"板块，投资者可以看看这些杂志里的文章，学习一些基础知识和理财方法，如图11-3所示。

图 11-3　和讯理财的知识讲堂和理财杂志专栏

通过这些板块，投资者可以了解的理财信息非常广泛且丰富，对自身的理财计划有着重要的辅导和指导作用，投资者要学会使用这类综合性理财网站，查看与自己的理财计划相符的投资理财信息。

2．投资软件时时刻刻看盘

投资软件按照投资工具的不同可以为不同的类型，如炒股软件、模拟炒股软件和黄金投资软件等。大多数投资软件中都可以实时观看投资工具的行情走势，也就是俗称的"看盘"，包括看成交双方的盘口信息，如现价、涨跌、换手率和各种委比等。不同的投资软件，显示的盘内信息不同，投资者需根据具体情况查看盘内信息。如图 11-4 所示的是通达信行情软件的主界面。

	代码	名称	涨幅%	现价	涨跌	买价	卖价	总量	现量	涨速%	换手%
1	000001	平安银行	-0.63	9.44	-0.06	9.44	9.45	131916	200	0.10	0.09
2	000002	万科A	-2.03	25.06	-0.52	25.06	25.07	609777	111	0.11	0.63
3	000004	国农科技	—	—	—	—	—	0	0		0.00
4	000005	世纪星源	-0.92	7.57	-0.07	7.57	7.58	66154	14	0.00	0.72
5	000006	深振业A	-2.66	8.77	-0.24	8.77	8.78	188278	3	0.22	1.40
6	000007	全新好	0.55	20.26	0.11	20.26	20.27	61855	10		3.01
7	000008	神州高铁	-0.21	9.62	-0.02	9.62	9.63	20664		查看	0.14
8	000009	中国宝安	1.09	11.13	0.12	11.13	11.14	203556	1130	1.27	0.96
9	000010	美丽生态	-0.13	7.75	-0.01	7.74	7.75	25771	21	0.12	0.63
10	000011	深物业A	-3.80	16.69	-0.66	16.69	16.72	96635	13	0.48	5.49
11	000012	南玻A	-0.39	12.75	-0.05	12.75	12.76	171449	45	0.07	1.31
12	000014	沙河股份	-1.41	20.95	-0.30	20.95	20.96	21278	1	0.33	1.05
13	000016	深康佳A	-0.92	5.39	-0.05	5.39	5.40	82790	40	0.18	0.52
14	000017	深中华A	-2.63	11.90	-0.32	11.89	11.90	49531	50	0.16	1.63
15	000018	神州长城	双击	11.05	0.00	11.05	11.06	15677	10	0.00	0.41
16	000019	深深宝A	-1.91	18.51	-0.36	18.51	18.59	523760	161	0.59	13.85
17	000020	深华发A	-2.93	20.18	-0.61	20.18	20.19	16371	10	0.34	0.90
18	000021	深科技	1.26	11.33	0.14	11.33	11.34	100346	24	0.17	0.68
19	000022	深赤湾A	-0.93	17.00	-0.16	17.00	17.01	12038	7	0.35	0.26
20	000023	深天地A	0.43	28.29	0.12	28.27	28.29	27141	6	0.89	1.96

图 11-4　通达信行情软件的主界面

在这个界面中，投资者可以查看多种理财产品的现价、涨跌、成交量和换手率等，界面右侧的工具栏可以对产品进行即时分析、报价分析及报表分析等。双击某产品名称后，可进入该产品的近期走势图或分时走势图，两种走势图可以进行随意切换。如图 11-5 所示的是盘口界面、近期走势图和当日分时走势图。

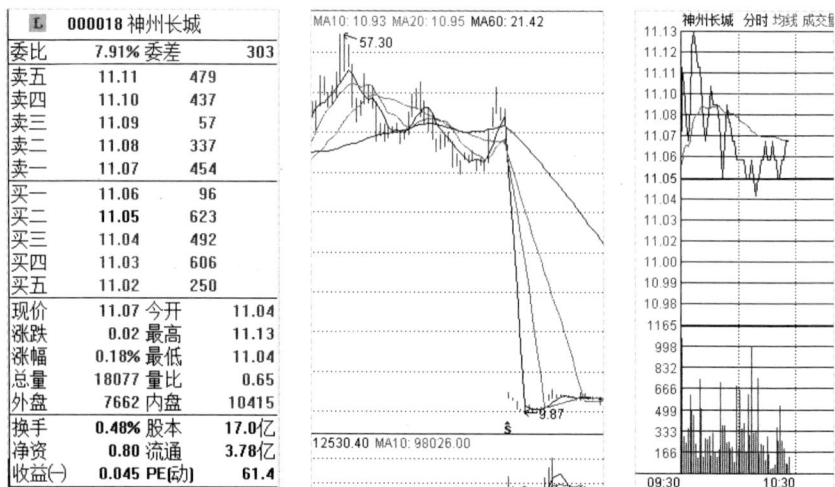

图 11-5 盘口界面（左）、近期走势（中）和当日分时走势图（右）

3．学会使用银行类的网上工具

很多时候，投资者到银行办理储蓄业务或购买理财产品后，不想自己动手计算预期收益，但将这些储蓄业务或理财产品放在一边不计算预期收益时又会感到心里没底。此时，投资者亟须学会使用一些网上理财工具，轻松计算理财计划的预期收益。下面以和讯理财网站中的银行类计算工具为例，讲讲其具体的用法。如图 11-6 所示的是教育储蓄计算器。

图 11-6 教育储蓄计算器

投资者只需选择初始存入日期和储蓄期限，输入月存入金额，最后单

击开始计算按钮即可在下方查看到收益计算结果。另外还有定活两便计算
器，可以计算出定活两便存款的本息总额，如图 11-7 所示。

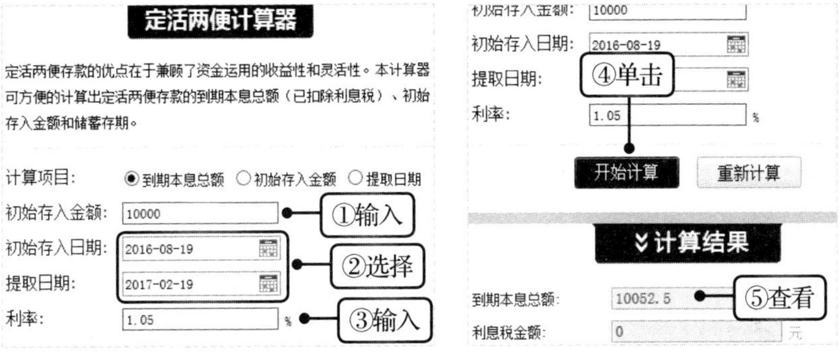

图 11-7　定活两便计算器

投资者只需选中"到期本息总额"单选按钮，输入初始存入金额，选
择初始存入日期和提取日期，输入相应的利率（以工商银行为例，定活两
便存款（定活两便存款是一种事先不约定存期，一次性存入，一次性支取
的储蓄存款）的利率按一年以内定期整存整取同档次利率打 6 折），最后
单击"开始计算"按钮，即可在下方查看到期本息总额的计算结果。

除此之外，还有银行产品收益比较和票据贴现等计算工具。而对于不
同的金融工具，还有房产类、股票类、基金类、债权类和税务类等计算工
具。而且不仅和讯理财网有这样的理财工具，其他一些网站也会有相应的
计算工具，如天天基金网和东方财富网等。

11.4 便捷的手机理财

随着科技的进步和经济的发展，移动互联网经济发展迅
猛，越来越多的人可以利用手机进行理财，方便又快捷。尤
其是在 2016 年前后，微信理财也成为了理财热点。

1. 巧用微信钱包购买理财产品

微信钱包功能里有一项服务叫"理财通"，在"理财通"服务里收入了很多理财产品，如债券和基金等。投资者可以通过微信钱包购买"理财通"里的理财产品，只要将微信绑定银行卡就能进行投资资金的支付。下面来具体讲讲操作步骤。

Step01 投资者登录微信账号，在"我"选项卡中选择"钱包"选项，在打开的页面中单击"理财通"按钮。在新页面中会显示很多理财产品，投资者任选一种，单击"查看详情"按钮。

Step02 在打开的页面中查看该产品的详细信息，确认要购买后，单击页面右下角的"买入"按钮（若用户嫌麻烦，还可以单击"每月自动买入"按钮开通自动划款服务）。

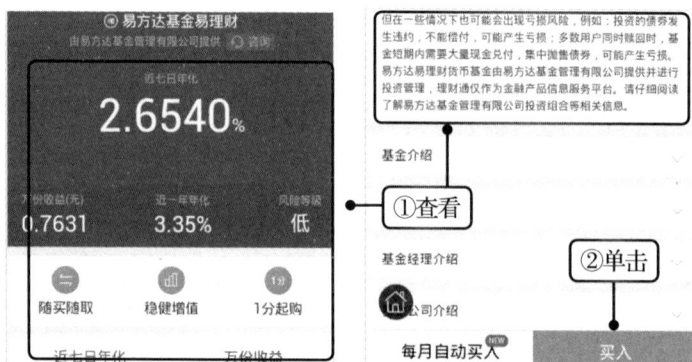

Step03　在打开的页面中单击"使用银行卡支付"按钮，输入购买金额，选中"同意服务协议及风险提示"复选框，单击"买入"按钮。

Step04　在打开的对话框中选中相应支付方式右侧的单选按钮，然后输入支付密码即可完成支付，相应地成功购买理财产品。

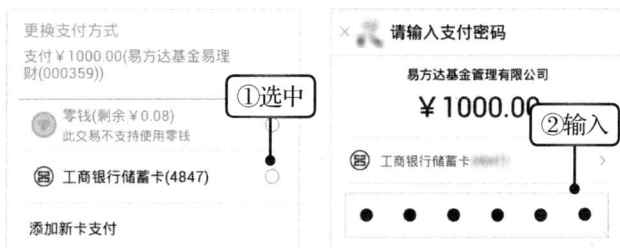

2. 阿里旅行买机票有减免

各行各业都在进行多元化的发展，想要扩大产品或服务的覆盖面，满足更多消费者的需求。投资理财行业也在追赶"潮流"，许多大型电子商务购物平台都推出了多种多样的产品和服务。就拿淘宝来说，从起初只发展网店销售实物，到现在涉足金融理财和交通运输，产品在不断创新。

而对于淘宝理财来说，支付宝、余额宝和淘金币这些理财手段已经被大众所熟知，且很多人都能运用自如。下面我们将介绍淘宝网的另一个具有理财潜力的端口——阿里旅行。在阿里旅行服务中，用户可以在购买机票时享受一定的现金优惠，但并不是所有航班或者航空公司都对用户提供机票的现金优惠，接下来看看具体的操作步骤。

Step01　启动手机淘宝，登录淘宝账号（也可以下载阿里旅行APP，同时登录淘宝账号），在首页单击"阿里旅行"按钮，然后单击"机票"按钮。

Step02　在打开的页面中输入乘机起点城市和终点城市，选择乘机日期，然后单击"开始搜索"按钮。在新页面中将看到不同时间的航班及对应的价格，用户可选择标注有"可减￥10"的航班，这里选择"06:40～08:55"航班，票价为720元。

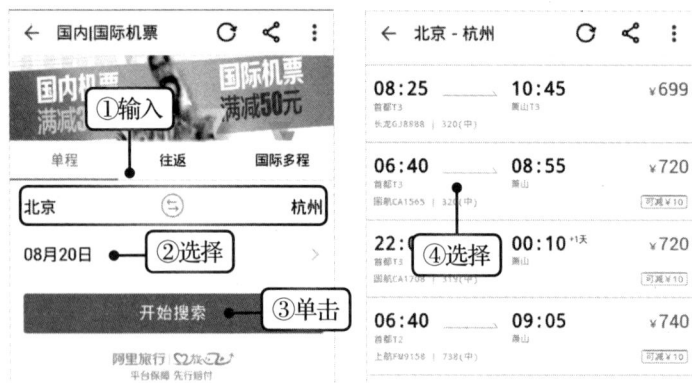

Step03　在"选择代理商"页面选择"低价之选"选项卡下的选项，这里选择"中国国际航空旗舰店"选项，单击"预订"按钮，在新页面中填写

订单信息，如乘机人姓名、身份证号、联系人和手机号码等。此时可选择套餐，一般套餐会赠送给用户相应的券，用于抵扣相应的费用。填写完信息后单击"去付款"按钮，完成票价支付即可成功预订机票。

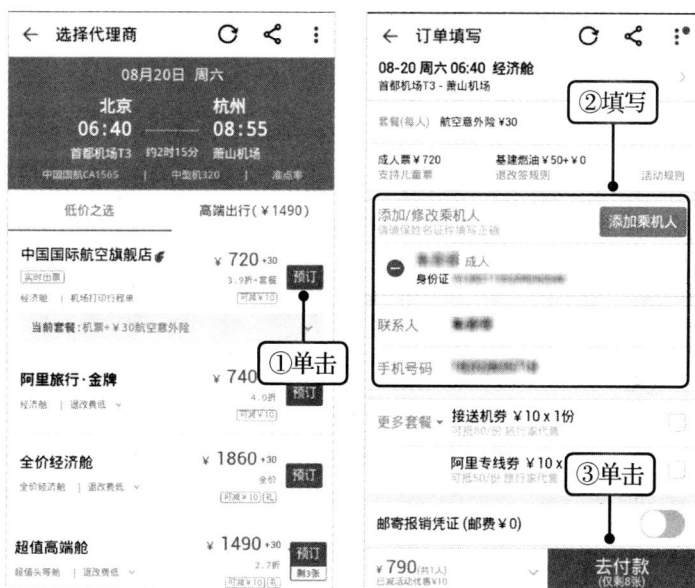

【提示注意】

用户在使用阿里旅行购买机票的过程中，系统有时会提示用户只有使用阿里旅行的 APP 才能减免机票的部分现金，直接通过淘宝的阿里旅行端口是不能享受减免的。所以投资者需要下载并安装阿里旅行的 APP。

3. 推荐"高铁管家"APP 赢礼包

除了我们熟知的一些电商会推出一些理财产品外，很多应用会为了推广自己的 APP 而推出一些省钱理财的服务。比如"高铁管家"APP，用户下载并安装该 APP 后，注册登录个人账号，在个人中心里向自己的好友推荐"高铁管家"APP，用户将赢得相应的礼包，而接受推荐且下载安装"高铁管家"APP 的好友也会获得礼包，具体操作步骤如下。

Step01 启动"高铁管家"应用，注册并登录个人账号，单击"个人中心"按钮，在"个人中心"页面单击"推荐有奖（10元礼包）"选项卡。

Step02 在打开的页面中可查看具体的推荐有奖活动说明，单击"发福利"按钮将"高铁管家"APP分享给好友，同时获得10元火车票红包。

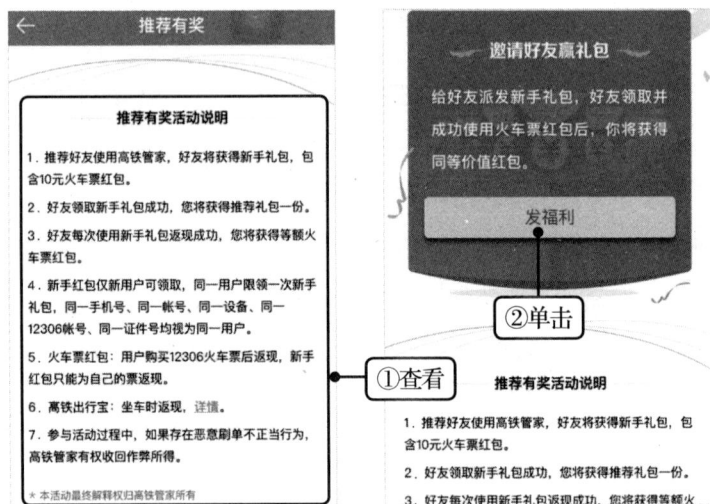

　　用户获得红包后，在下次购买火车票或机票时，即可使用现金红包抵扣火车票价或机票价，虽然抵扣的金额不多，但也不失为一种有效的省钱方法。